LA BIBLIA

cxix.
The Gospell off
Sancte Jhon.
The fyrst Chapter.

La Biblia

Michael Keene

biblioteca
básica

alamah
VISUAL

De esta edición en español:
D. R. © Aguilar, Altea, Taurus, Alfaguara, S.A. de C.V., 2003.
Av. Universidad 767, Col. del Valle
México, 03100, D.F., Teléfono (52) 54207530
www.alamah.com.mx

Distribuidora y Editora Aguilar, Altea, Taurus, Alfaguara, S. A.
Calle 80 Núm. 10-23, Santafé de Bogotá, Colombia.
Santillana Ediciones Generales, S. L.
Torrelaguna 60-28043, Madrid, España.
Santillana, S. A.
Av. San Felipe 731, Lima, Perú.
Editorial Santillana S. A.
Av. Rómulo Gallegos, Edif. Zulia 1er. piso
Boleita Nte., 1071, Caracas, Venezuela.
Editorial Santillana Inc.
P.O. Box 19-5462 Hato Rey, 00919, San Juan, Puerto Rico.
Santillana Publishing Company Inc.
2043 N. W. 87th Avenue, 33172. Miami, Fl., E. U. A.
Ediciones Santillana S. A. (ROU)
Constitución 1889, 11800, Montevideo, Uruguay.
Aguilar, Altea, Taurus, Alfaguara, S. A.
Beazley 3860, 1437, Buenos Aires, Argentina.
Aguilar Chilena de Ediciones Ltda.
Dr. Aníbal Ariztía 1444, Providencia, Santiago de Chile.
Santillana de Costa Rica, S. A.
La Uruca, 100 mts. Oeste de Migración y Extranjería, San José, Costa Rica.

ISBN: 968-19-1190-3
Primera edición: febrero de 2003.
Traductor: Silvia Pelaez
Diseño de interiores: Ma. Alejandra Romero I.
Adaptación de portada: Antonio Ruano Gómez
Impreso en China

Para la composición tipográfica de esta obra se utilizó Venetian301 10.25/11

Creditos de texto

Créditos de ilustraciones

Ver página 160.

Contenido

Nota:
En este libro se aplica la convención de las siglas a.e.c. (antes de la era común) y e.c. (era común) que corresponden precisamente a las abreviaciones más frecuentes a.C. y d.C., para evitar ofender a quienes no profesan religiones del cristianismo y que no reconocen el nacimiento de Cristo como un acontecimiento histórico decisivo.

Introducción a la Biblia

La Biblia es la piedra angular de dos religiones: el judaísmo y el cristianismo, y es uno de los grandes clásicos de la literatura mundial. Escrita hace muchos siglos, actualmente millones de personas en todo el mundo la leen con entusiasmo.

El Antiguo y el Nuevo Testamento

La primera parte de la Biblia (completa en el caso del judaísmo, el Antiguo Testamento para el cristianismo), proyecta una de las narraciones más notables en la historia —la del pueblo judío a través de los siglos: desde sus inicios insignificantes, entre esperanzas y frustraciones, hasta épocas en que se puso en riesgo su existencia. La segunda parte de la Biblia, el Nuevo Testamento, relata los primeros años de la fe cristiana, desde sus raíces en la vida y enseñanzas de Jesús de Nazaret, hasta los orígenes y desarrollo

de la primitiva Iglesia cristiana a mediados del primer siglo e.c.

Una Biblia accesible

La influencia de la Biblia es incalculable. Contiene algunos de los poemas más hermosos del mundo, historias conmovedoras y personajes inolvidables. Su influencia en el arte y en la literatura occidental trasciende no sólo el aspecto religioso. La Biblia es el libro más traducido, impreso, distribuido y vendido, de todos los tiempos. En la actualidad, se han traducido libros completos a más de 2 000 idiomas y dialectos, y el trabajo de traducción sigue. La Biblia completa se puede encontrar en más de 300 idiomas, mientras que el Nuevo Testamento circula en más de 600. En el mundo moderno nueve de cada diez personas tienen fácil acceso a esta obra.

La Biblia también ha inspirado movimientos sociales en el mundo. Por ejemplo, en la Inglaterra del siglo XIX, William Wiberforce se inspiró en la Biblia para iniciar su lucha contra la esclavitud. A mediados del siglo XX, Martin Luther King Jr., basó su lucha por los derechos civiles en los Estados Unidos y por las relaciones raciales en la Biblia y su mensaje. Al final del siglo XX grupos eclesiásticos en Sudáfrica, inspirados en la Biblia, fueron clave para derrocar y suprimir el *apartheid* y terminar con la segregación racial en ese país.

Esta guía inicia con un bosquejo histórico de la Biblia y continúa con la forma en que se compiló y se tradujo a tantos idiomas. Enseguida explora sus principales contenidos y analiza cómo se redactaron los distintos libros del Antiguo y del Nuevo Testamento por diversos escritores, usando variados estilos para diferentes lectores. Después analiza la Biblia en la época contemporánea y revisa su influencia en el mundo en que vivimos.

La Biblia se concentra en dos historias principales: la historia de Israel y la historia de Jesús.

Los ancestros de Israel habitaban un mundo de pequeñas ciudades y reinos amurallados. Estas fortalezas protegían a los pobladores que cultivaban las tierras, aunque existía la amenaza constante de las tribus nómadas que buscaban buenos pastos para sus animales.

Primero Abraham, luego Isaac y Jacob, fueron los Patriarcas de la floreciente nación Israelita, que muy pronto cayó esclava de Egipto durante 400 años. Cuando los israelitas escaparon, recibieron la inspiración de su fe en Dios para ir en busca de la tierra prometida de Canaán, guiados primero por Moisés y después por Josué.

Durante mucho tiempo, Israel no fue más que una débil coalición de diferentes tribus, cada una con sus propios líderes o "jueces". Para éstas era difícil defenderse de sus poderosos enemigos, así que el pueblo pidió un rey que los protegiera. Saúl, el primer monarca, fue sucedido por David y éste por Salomón. Sin embargo, después de la muerte de Salomón la nación se dividió en dos reinos, el de Israel y el de Judá. Israel sobrevivió hasta el año 721 a.e.c. cuando fue invadida por los

Amanecer desde el Monte Sinaí, donde Dios le dio a Moisés las tablas de la Ley.

asirios. Después, en el 586 a.e.c, Judá fue sometida por los babilonios, que destruyeron Jerusalén y forzaron al exilio a la mayoría de la población.

Después de la invasión babilónica, la tierra de Palestina (Israel y Judá) fue ocupada por los persas y después por los romanos; bajo el dominio de éstos, nació Jesús en el pueblo de Belén. Jesús habló del reino de Dios que se ofrecía a los pobres, a los necesitados y a los excluidos de la sociedad. Con el tiempo, los enemigos de Jesús provocaron su muerte, pero resucitó tres días después, Dios envió el Espíritu Santo a los primeros cristianos: así nació la Iglesia cristiana.

> *Tal es la riqueza de Dios que puede entregarse por completo a cada hombre, y puede velar sólo por él, y del mismo modo lo hará con un segundo o un tercer hombre, y con millones y miles de millones. Éste es el misterio de su infinita y eterna riqueza.*
>
> LADISLAUS BOROS,
> TEÓLOGO PROTESTANTE DEL SIGLO XX

PANORAMA DE LA BIBLIA

Contenido

Los Patriarcas

Los Patriarcas fueron los principales ancestros de los israelitas. La nación de Israel creció con los hijos de estas "figuras paternas".

La evidencia arqueológica disponible ubica a los Patriarcas de Israel —Abraham, Isaac y Jacob— dentro de la cultura de Mesopotamia, entre el año 2000 y el 1200 a.e.c. Las historias de los Patriarcas encontradas en el Génesis se conocen porque éstos sentaron las bases para la historia posterior de la nación.

Abraham

Los judíos consideran a Abraham como el principal receptor de las promesas que Dios le hizo a su pueblo y es reconocido como el "padre de la nación judía". Abraham, o Abram como se le conocía, vivió durante los primeros siglos del segundo milenio a.e.c, durante la Edad media de Bronce. Cuando Dios llamó a Abraham y le prometió una tierra de muchos descendientes y un gran nombre, le profetizó que él llegaría a ser una bendición para mucha gente.

Abraham y su esposa Sara eran ancianos cuando recibieron estas promesas y no estaban en edad fértil. Sin embargo, concibieron un hijo y así Sara dio a luz a Isaac. Atribuyeron este increíble hecho a la gracia y poder de Dios, pero la prueba definitiva de la fe de Abraham tuvo lugar cuando Dios le ordenó sacrificar a Isaac. La fe y la convicción de Abraham en que Dios proveería otro sacrificio más adecuado para salvar a Isaac, lo convirtió en el ejemplo supremo de la Biblia acerca de la fe en Dios.

Isaac

Isaac fue el hijo prometido de Abraham y Sara. Su nombre significa "el que ríe" y refleja la incredulidad de sus padres cuando Dios les anunció su nacimiento. Entre Abraham y

Grupo de estatuillas votivas talladas en piedra caliza, alabastro y yeso, encontradas en un templo sumerio. Es probable que tengan cerca de 5000 años de antigüedad. Tal vez fueron parte de una cultura similar a la de Abraham.

El estilo de vida nómada de los Patriarcas podría ser similar a la forma de vida de los beduinos de hoy.

Jacob, Isaac es, en cierta forma, una figura sombría en el Antiguo Testamento. Gana más respeto en sus momentos pasivos: cuando fue un sacrificio potencial y cuando le fue encontrada una esposa.

Jacob

A través de sus 12 hijos, Jacob fue el ancestro de las 12 tribus de Israel, fundadoras de la nación. Gran parte de su vida estuvo colmada de problemas familiares: engañó a su hermano Esaú en cuanto a su derecho de primogenitura y mostró favoritismo hacia sus dos hijos menores, José y Benjamín. Jacob murió en Egipto pero fue enterrado en la tierra prometida de Canaán como reconocimiento póstumo a su fe en Dios. La promesa que hizo Dios a Abraham de que sería el padre de una gran nación empezó a partir de Jacob.

Dijo el Señor a Abraham: "Vete de tu tierra, de tu parentela y la casa de tu padre, a la tierra que yo te indicaré. Yo te haré un gran pueblo, te bendeciré; y engrandeceré tu nombre, y tú mismo serás una bendición. Y bendeciré a los que te bendigan, y maldeciré a los que te maldigan; en ti serán bendecidas todas las familias de la Tierra."

GÉNESIS 12:1-3

Del éxodo a la tierra prometida

Los israelitas escaparon de la esclavitud en Egipto y viajaron durante 40 años por el desierto en busca de la tierra prometida de Canaán.

Los descendientes de Jacob vivieron en Egipto durante más de 450 años, durante los cuales conformaron lo que sería la nación de Israel. Los gobernantes de Egipto se sintieron amenazados porque aumentaba la población, de modo que apretaron aún más los grilletes. Pusieron a los israelitas a trabajar como esclavos en los sembradíos de maíz, así como en varios proyectos de construcción. Para mermarlos, los egipcios ahogaron a muchos judíos recién nacidos en el río Nilo.

Moisés

A principios del siglo XIII a.e.c, Dios inspiró a Moisés para que liberara a los israelitas y los guiara a la tierra prometida de Canaán. Con el apoyo moral de su hermano Aarón, Moisés le pidió en varias ocasiones al Faraón que liberara a los israelitas, pero finalmente lo persuadieron las 10 plagas que cayeron sobre Egipto. El factor decisivo fue la última plaga, causante de la muerte del primogénito en cada hogar egipcio. Aunque el Faraón se arrepintió después y persiguió a los israelitas, la milagrosa separación de las aguas del golfo de Suez (no del Mar Rojo) permitió a los israelitas salvarse. Este lapso de libertad, conocido como éxodo, ha sido celebrado por los judíos desde entonces en su festival anual de Pascua.

Según la Biblia, el éxodo es el momento supremo de la historia judía, cuando Dios salvó a su pueblo de la esclavitud y fundó la nación de Israel en su propia tierra. La

Moisés, subió al monte, y la nube cubrió el monte. La gloria del Señor se posó sobre el Monte Sinaí y lo cubrió durante seis días. Al séptimo llamó Dios a Moisés de en medio de la nube. El aspecto de la gloria del Señor parecía a los hijos de Israel como un fuego devorador sobre la cumbre del monte. Moisés penetró en el interior de la nube y estuvo en el monte cuarenta días y cuarenta noches.

ÉXODO 24:15-18

Biblia también aclara el hecho de que fue sólo Dios quien sometió a los egipcios; Moisés es retratado como un ser humano más bien renuente, aunque muestra gran valor en algunas ocasiones. El éxodo se convirtió en el patrón para los posteriores actos de Dios.

Decálogo de los Judíos. Los primeros cuatro mandamientos se refieren a la relación de Dios con su pueblo, y los seis restantes a las relaciones humanas. Jesús aceptó la importancia de esta Ley, pero afirmó que se aplicaba tanto a los motivos de las personas como a sus acciones.

Templo de Luxor en Egipto. Primero fue santuario de los descendientes de Abraham, pero en tiempos de Moisés, Egipto se había convertido en un régimen opresor que empleaba a los hebreos como esclavos para realizar ambiciosos proyectos arquitectónicos.

Los diez mandamientos

Después de tres meses de viajar por el desierto, los israelitas acamparon al pie del Monte Sinaí. Ahí, Dios prometió a los israelitas que serían su pueblo si seguían la Ley de Dios. Esta Ley, incluyendo los diez mandamientos, se plasmó en la Torá (los primeros cinco libros del Antiguo Testamento). Los mandamientos se grabaron en dos piedras y son conocidos como las "diez palabras" o el

Moisés guió a los israelitas al límite de la tierra prometida, pero Josué, su sucesor, los condujo por el río Jordán a su nuevo hogar. Josué desafió a los reyes de las ciudades-estado de Canaán, pero los israelitas nunca completaron su conquista de esta tierra porque los enemigos no faltaron.

Jueces

Las 12 tribus llegaron a Canaán y fueron guiadas por distintos "jueces", elegidos por Dios para ayudarlos a enfrentar retos militares.

El libro de Jueces en el Antiguo Testamento se refiere a los avatares de las 12 tribus israelitas en Canaán antes de que se unificaran bajo el liderazgo de un rey. Las tribus se unieron para adorar sólo a Yahvéh (Dios), pero después de la muerte de Josué cedieron su fidelidad a las muchas deidades de la naturaleza en Canaán. Como resultado, los israelitas se presentaron ante el juicio de Dios arrepentidos por lo que eligió un juez para evitar que esto volviera a ocurrir. Este ciclo de arrepentimiento y caída se repitió muchas veces hasta la aparición del último juez, Samuel, quien llevó a la instauración de un nuevo sistema de gobierno: la monarquía.

El libro de Jueces

El libro de Jueces cuenta la historia de 12 héroes y heroínas que fueron convertidos en símbolos nacionales. Aunque cada juez está representado como el gobernante de la nación israelita, en

Se erigieron piedras en sitios religiosos significativos en la región del Cercano Oriente. Los 10 monolitos del "lugar alto" de Canaán, en Gezer datan alrededor del año 1600 a.e.c.

realidad eran líderes de cada tribu.

El primer ciclo histórico comprende las hazañas de Aod, asesino del Rey Eglón de Moab, opresor de los israelitas. El siguiente relato se refiere a la campaña militar de la profetisa Débora. Éste es notable por la canción triunfal que canta Débora y que describe cómo hasta las estrellas y las aguas torrenciales del río ayudaron a alcanzar la victoria.

Otro relato cuenta la historia de Gedeón. Éste es seguido por el recuento de Jefté que mezcla la descripción histórica con temas folclóricos, el humilde nacimiento de Jefté y el sacrificio de la hija virgen del juez, resultado de una trágica promesa mal entendida. Se dice que el sacrificio condujo a la introducción del festival anual del lamento.

El libro de Jueces describe a Israel durante la época de los jueces: "En aquellos días no había rey en Israel; lo que hacía la gente estaba bien ante sus propios ojos." Sin embargo, las cosas no mejoraron aunque hubo toda una sucesión de reyes en Israel.

Máscara ritual de cerámica encontrada de Jasor, se cree que está relacionada con el culto a Baal.

Un relato final habla de la bien conocida historia de Sansón cuyo nacimiento recuerda al de Isaac: una mujer sin hijos recibe la promesa divina de que concebirá. A diferencia de los otros jueces, la grandeza de Sansón es anunciada antes de su nacimiento. Él vence a los filisteos, los mayores enemigos de Israel, mediante muestras extraordinarias de fuerza, como la matanza de 1000 hombres con la quijada de un asno. Su amante, Dalila, descubre la fuente de su fortaleza y le quita sus poderes al cortarle el cabello, pero Sansón recupera su fuerza el tiempo suficiente para demoler un templo filisteo, matando a todos los que ahí estaban, incluido él mismo.

Gedeón

Héroe del folclore local, Gedeón erigió la institución social del feudo de sangre al matar a dos reyes de Madián, pues apuñalaron a sus hermanos. Salió del anonimato al llevar a su tribu a la batalla, por lo que los Israelitas quisieron convertirlo en su rey, ofrecimiento que rechazó. Su habilidad para el liderazgo se demuestra por su rechazo inicial a tomar el mando, su odio a la idolatría y su valerosa fe. Sin embargo, más adelante, se comprometió con la idolatría pagana.

Los primeros reyes de Israel

Cuando envejeció Samuel, el último de los jueces, el pueblo pidió un rey que los gobernara y que también lo hiciera en otras naciones. Samuel les advirtió que una monarquía llevaría al servicio militar obligado, al trabajo forzado y a la opresión, pero el pueblo insistió en su demanda. Samuel hizo lo que le pidieron.

Con el fin de reducir la rivalidad entre las tribus, un problema frecuente en el primitivo Israel, el primer rey de Israel, Saúl, fue elegido de entre la tribu más pequeña, la de Benjamín.

Saúl

Fue coronado rey cerca del año 1050 a.e.c. y libró una exitosa batalla contra los amonitas. Los filisteos se convirtieron en un permanente dolor de cabeza. Aunque a Saúl se le permitió permanecer en el trono de Israel, Dios lo rechazó y la luz cayó sobre un hombre joven llamado David. Saúl se encontraba sumido en la depresión y fue muerto en una batalla contra los filisteos. Saúl es una de las figuras bíblicas más tristes: su posterior vida desesperada muestra las fatales consecuencias de haber rechazado el mandato de Dios.

La experiencia de David al matar un oso y un león mientras cuidaba las ovejas de su padre, le dio la confianza en que Dios le permitiría sobreponerse al Goliat de los filisteos. *David dando muerte a un oso*, por el Maestro de María de Burgundy del *Libro de Horas*, entre 1470 y 1490.

David

David, el más grande rey de Israel y ancestro de Jesús, reinó entre el año 1000 y el 951 a.e.c. Sus conquistas militares hicieron de Israel el único imperio.

Después de tomar la ciudad de Jerusalén y despojar a los guibonitas, la convirtió en la capital de su imperio y unificó a las diferentes tribus bajo su liderazgo. Reforzó su unidad al restaurar el Arca de la Alianza, un arcón dorado con las tablas en las que habían sido grabados los diez mandamientos, en el corazón de la vida religiosa en Jerusalén.

Habitualmente los hombres tenían más de una esposa y Salomón se casó con varias extranjeras para asegurar las relaciones comerciales de Israel. Según la Biblia, ¡tuvo 700 esposas y 300 concubinas! Estos vínculos tan cercanos con otras naciones involucraron, entre otras cosas, la importación de muchos dioses extranjeros, debilitando la devoción de Israel por Dios.

La legendaria sabiduría de Salomón se demuestra en un juicio relacionado con la maternidad en disputa. La escena se representa aquí en un salterio inglés del siglo XIV.

SALOMÓN

Hijo y sucesor de David, reinó en Israel entre el año 961 y 922 a.e.c, tiempo durante el cual la nación gozó de una paz y prosperidad sin igual. La grandeza de Salomón se basaba en el comercio, pero su mayor logro lo obtuvo en la construcción, concentrada en su mayoría en Jerusalén. Sus políticas de impuestos y de conscriptos para el ejército no eran populares y permitió que su gran harén introdujera prácticas paganas en el país. Como castigo, Dios anunció que el reino de Salomón sería dividido en dos, situación que tuvo lugar meses después de la muerte del rey. Salomón adquirió una reputación de sabio y tradicionalmente se le atribuye el libro de Proverbios.

El Arca era un precioso símbolo de la presencia de Dios en Israel. La promesa de alianza que hizo Dios a David era la de una dinastía e imperio eternos. Por medio de éste, Dios prometió construir dos "casas", una en forma de dinastía y otra en forma de Templo (la casa de Dios) construido en Jerusalén por Salomón, hijo y sucesor de David.

Los logros de David fueron considerables: transformó a Israel de un grupo dividido de tribus en un solo imperio, incorporando los territorios de Filistea y Moab. Puesto que también era un músico talentoso se piensa que contribuyó al libro de Salmos. Pero la Biblia también destaca su debilidad: su adulterio con Betsabé; su intriga para asesinar a su esposo, Urías, y su exagerada indulgencia con sus hijos. La última debilidad tendría futuras consecuencias para Israel.

El reino dividido

Luego de la muerte de Salomón, la nación de Israel se dividió en dos reinos: Israel en el norte y Judá en el sur. En Israel, el profeta Elías, trató de restaurar la verdadera fe del pueblo.

División del reino: Israel y Judá, y las naciones circundantes.

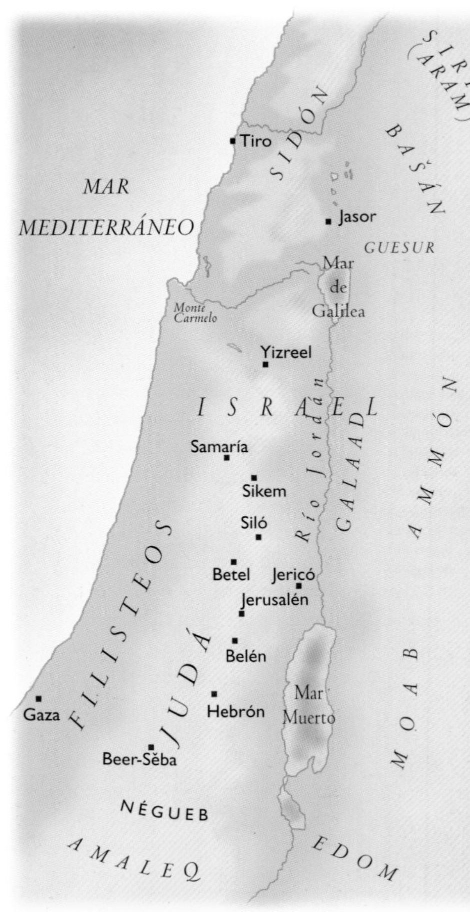

Bajo el liderazgo de Salomón, Israel se había convertido en un imperio rico y poderoso, pero la gente pagaba elevados impuestos y hacía trabajo forzado. Cuando el hijo de Salomón, Roboam sucedió a su padre en el trono en el año 930 a.e.c, el pueblo se rebeló contra su autoridad y la nación se dividió en dos.

Los dos reinos

El reino de Judá, formado por las dos tribus de Judá y Benjamín, era pequeño. Roboam siguió reinando desde Jerusalén. El reino de Israel comprendía a las 10 tribus restantes y Jeroboam I fue su primer rey. Israel era gobernado desde Siquem, con nuevos centros de culto en Dan y Bétel, mientras el nuevo reino fue aislado del Templo de Jerusalén.

Varios reyes de Judá trataron de extender su autoridad sobre Israel sin lograrlo. Con el tiempo, el rey Josafat formó una alianza con Ajab, rey de Israel, para unirse contra cualquier

El reino de Judá tenía sólo un tercio de las dimensiones del reino de Israel, con un área de 5 630 kilómetros cuadrados.

enemigo que amenazara sus reinos. En el registro bíblico, los reyes de Israel son clasificados como "buenos" y "malos" dependiendo si combatieron o no el culto de las deidades paganas en sus reinos. Asa y Ezequías de Judá se distinguen por haber exterminado la idolatría, mientras que Ajab de Israel es condenado como uno de los peores reyes en este sentido.

Elías y Eliseo

Durante los años posteriores a la división de la nación, dos profetas hablaron sobre la única adoración de Dios en Israel. El primero, Elías, tomó su posición contra el rey Ajab y la adoración de Baal, deidad de Canaán, al norte del reino en el siglo IX a.e.c. Desafió con éxito a los 400 sacerdotes de Baal y los llevó a una contienda en el Monte Carmelo para mostrar al pueblo que Yahvé era el único Dios verdadero. Elías fue perseguido por la esposa de Ajab, Jezabel, pero Dios lo protegió y las muertes tanto de Ajab como de Jezabel, que Elías había profetizado, lo reivindicaron. El ministerio de Elías dio como resultado la preservación de un grupo fiel de devotos de Dios. Como recompensa por su fe, Elías no sufrió la muerte, sino que subió al cielo en un torbellino al final de su vida, un precedente bíblico para la ascensión de Jesús al Cielo.

Eliseo era el protegido de Elías como el profeta líder en la última mitad del siglo IX a.e.c. Eliseo fue profeta en Israel durante más de 50 años y hacía notar un fuerte contraste entre la fe verdadera y la incredulidad de los reyes de Israel. Habló de la soberanía de Dios sobre todas las naciones y sanó de lepra a Namán, general sirio.

Ruinas de un edificio con pilares, probablemente un establo o almacén, en Jasor. La ciudad era estratégica y fue destruida por Josué en su conquista de Canaán. Fue reconstruida y fortificada bajo el reinado de Salomón y después con Omri y Ajab.

Los asirios

Tanto Judá como Israel eran muy vulnerables y sólo habían sido territorios seguros durante el reinado de David y Salomón puesto que entonces no había adversario poderoso en la región. Pero todo eso cambió cuando Asiria alcanzó una posición de poder similar.

Asiria era un pueblo ubicado al norte de Mesopotamia (hoy Iraq) que estableció un imperio hegemónico en los siglos VIII y VII a.e.c. Este nuevo poderío se basaba en la fuerza del ejército asirio conocido por su crueldad, aunque los asirios también eran un pueblo muy culto que producía literatura, arte y arquitectura sobresaliente.

Sometimiento de Israel y Judá

Desde mediados del siglo IX a.e.c, tiempos del rey Ajab en

La destrucción de Israel

El rey Oseas de Israel se rebeló contra los asirios y se negó a pagar el tributo anual, de modo que el rey Salmanasar V ordenó un sitio de tres años sobre Samaría, la capital de Israel, hasta su derrota. Los israelitas fueron exiliados a Asiria y el reino del norte de Israel fue destruido entre los años 722 y 721 a.e.c. Las 10 tribus de Israel que ahí habitaban no volvieron a ser escuchadas.

Después de la destrucción de Israel, los asirios derrotaron a Egipto. Entonces, en el año 701 a.e.c, el poderoso rey Senarequib sitió a Jerusalén porque el rey Ezequías de Judá dejó de pagarle tributo. La Biblia registra que Ezequías confiaba en Dios y la ciudad de Jerusalén fue salvada de sus enemigos. Senarequib regresó a Asiria, donde fue asesinado por dos de sus hijos.

Sargon II, rey asirio que completó el sitio de tres años sobre Samaría, consulta probablemente a su hijo y sucesor Senarequib. El relieve, que data del año 710 a.e.c aproximadamente, fue encontrado en Korsabad, la espléndida capital de Sargon.

Sala del trono en Calá (Nimrud) en una pintura del arqueólogo del siglo XIX A. H. Layard, que hizo excavaciones en la ciudad.

Israel, los reyes de Asiria atacaron Israel en varias ocasiones. Incluso Salmanasar III de Asiria exigió un tributo anual del rey Jeh´de Israel (841-814 a.e.c). Después, Ajaz, rey de Judá (735-715 a.e.c), le pidió a Teglatfalasar III, rey de Asiria, que le ayudara a luchar contra Siria e Israel. El rey de Asiria estuvo de acuerdo y derrotaron a ambas naciones, pero Judá no aceptó la soberanía asiria sobre este país a consecuencia de la derrota.

La Biblia deja claro que Asiria fue destruida por su falta de dioses. Pero también parecería que la invasión de Asiria a Israel y Judá fue permitida por Dios como castigo a la desobediencia de ambos países.

El imperio asirio

Se encontraba en la cúspide aproximadamente entre los años 880 y 612 a.e.c. Se ubicaba en las tres ciudades de Asur, Calá y Nínive. Tenía control tanto de Israel como de Judá, así como sobre Egipto, Siria y Babilonia. Sin embargo, con el tiempo el imperio se descontroló y estos países empezaron a recuperar su independencia. En el año 612 a.e.c la ciudad capital de Nínive fue destruida por los medas y los persas.

Los babilonios

A principios del siglo VI a.e.c. se presentó el mayor reto para los judíos. Muchos fueron obligados a reconstruir su vida en un país extraño durante el exilio a Babilonia.

En el año 612 a.e.c, los babilonios conquistaron Nínive, con ello terminaron dos siglos de dominación asiria. Entonces, una década después de que Joaquín se convirtió en rey de Judá en el año 597 a.e.c, los babilonios conquistaron Jerusalén. La política de Babilonia era desterrar a los líderes del pueblo conquistado para debilitar cualquier resistencia a su control.

La caída de Jerusalén

En el año 587 a.e.c. Sedecías, un rey títere colocado en el trono de Judá por Nabucodonosor de Babilonia, pidió ayuda militar a Egipto. Durante 18 meses, los babilonios sitiaron la ciudad de Jerusalén hasta que fue tomada; Sedecías fue cegado y sometido a cautiverio. Los objetos valiosos, incluyendo muchos tesoros del Templo de Jerusalén, fueron hechos botín y los habitantes de la ciudad capital fueron desterrados con su rey. Sólo dejaron a los más pobres, sin ningún liderazgo, para cultivar la tierra.

El destino de los desterrados

Se sabe poco acerca del destino inmediato de los desterrados. La mayoría de éstos tal vez fueron puestos a trabajar adoquinando la tierra o en varios proyectos de irrigación que hacían tan fértiles los campos de Mesopotamia. El hecho de que a la mayoría de los cautivos se les permitió vivir juntos, les posibilitó conservar la identidad

Así dice Yahvéh Sebaot, Dios de Israel, a todos los desterrados que deporté de Jerusalén a Babilonia: Construid casas y habitadlas, plantad huertos y comed sus frutos. Tomad mujeres y engendrad hijos e hijas; tomad mujeres para vuestros hijos, y maridos para vuestras hijas, multiplicáos allí y no disminuyáis. Procurad el bienestar de la ciudad adonde os he deportado y rogad por ella a Yahvéh, pues su prosperidad, será vuestra prosperidad.

JEREMÍAS 29: 4–7

y orgullo nacionales. También les dio cierto control sobre sus propios asuntos locales, sociales y religiosos.

Pero la vida religiosa era muy diferente para los

Poco queda de la antigua Babilonia: Relieve sobre ladrillos barnizados de un león, fue parte del Sendero para las procesiones de Marduk a las puertas de Ishtar, data del reinado de Nabucodonosor II (605–562 a.e.c.)

cautivos. Sin el Templo de Jerusalén dependían de los profetas Ezequiel, Isaías y Jeremías que los ayudaban a comprender la voluntad de Dios en su nueva situación. Se les negaba la seguridad religiosa proporcionada por el Templo y sus sacrificios. En lugar de ello, el énfasis se ponía en aquellos aspectos de su religión que podían observarse en todas partes: guardaban el *šabat*, la circuncisión y las prácticas alimentarias. Los registros escritos de la divinidad de Dios en el pasado, especialmente la Torá, eran más valorados que nunca. En lugar de permitir que los cautivos se sumieran en la nostalgia, los profetas los instaban a echar raíces en Babilonia y muchos lo hicieron. Trabajaron la tierra, tenían exitosos negocios y estaban al servicio real. Estas raíces crecieron tan fuertes que cuando llegó la oportunidad de volver a su tierra natal, muchos de ellos decidieron permanecer en Babilonia. Mientras tanto, para otros cautivos, el sueño de regresar a su tierra seguía infundiéndoles esperanza.

Regreso del exilio

El imperio babilonio fue sometido por Persia en el siglo VI a.e.c. y los judíos fueron instados a regresar a su tierra, bajo el liderazgo de Ezra y Nehemías. Algunos aceptaron y reconstruyeron las murallas de Jerusalén; otros prefirieron permanecer en el destierro.

Ciro el Grande de Persia construyó una vasta red de caminos: 2 375 kilómetros de largo, para unir su inmenso imperio. A sus enviados les tomó un mes cabalgar el circuito completo, haciendo relevos en 111 puestos en el trayecto.

El libro de Ezra empieza con el decreto del rey Ciro el Grande de Persia, después de su captura de Babilonia en 539 a.e.c. Sus victorias militares son atribuídas a la voluntad de Yahvéh "el Dios del cielo", y señala que Yahvéh "me ha encargado construirle una casa en Jerusalén". Este fue el segundo Templo, que reemplazaría al construido por Salomón. Por ello autorizó el retorno de los desterrados para empezar la obra. Ezra nos relata que, siguiendo el decreto del rey, una caravana de deportados regresó a Judá, cerca de 50000 personas en total. Aunque parece que salieron gradualmente y no de una sola vez.

Reconstrucción del Templo

Fue durante el reinado de Artajerjes I de Persia (464-423 a.e.c.) cuando Ezra y Nehemías llegaron a Jerusalén. Ezra, un sacerdote, descubrió que muchos hombres que habían permanecido en Jerusalén durante el exilio se habían casado con mujeres extranjeras. Esto le pareció perturbador y pidió a estos hombres que volvieran a la verdadera fe y, si era necesario, dejaran a sus esposas y a sus hijos. Nehemías, que había sido catador de vinos para Artajerjes en Susa, regresó a Jerusalén para empezar a trabajar en la reconstrucción de las murallas de la ciudad. Organizó el trabajo asignando secciones específicas de la muralla a distintas

Relieve de un meda guiando dos caballos del palacio del rey asirio Sargón II en Korsabad.

La dispersión judía

Después del destierro, muchos judíos no regresaron a Jerusalén. Permanecieron en diferentes partes del imperio Persa donde habían echado raíces. Esta dispersión del pueblo judío (conocida como diáspora) fue un factor importante en los tiempos del Nuevo Testamento. Una consecuencia importante fue que, debido a su separación del Templo de Jerusalén, los judíos de la diáspora construyeron su vida religiosa alrededor de la sinagoga local. Estos lugares se convirtieron en notables centros de aprendizaje y culto, y fueron significativos para la rápida dispersión de las comunidades judías en el mundo mediterráneo durante los siglos venideros.

Una copa de plata con un cúmulo de cerca de 150 objetos de metal precioso descubierta en los bancos del Río Oxus. Son de origen persa y datan alrededor del siglo IV o V a.e.c.

familias y la reconstrucción concluyó en medio del regocijo general en 52 días.

La nueva comunidad

Durante 12 años, Nehemías gobernó Judá, apoyado por los persas. Él y Ezra hicieron muchos cambios para organizar la vida religiosa y social de acuerdo con las enseñanzas de la Torá. Nehemías tomó medidas para evitar que los judíos prósperos explotaran a sus vecinos más pobres por la comida, mientras que Ezra leyó y explicó la Ley de Dios, la Torá, a la gente. El pueblo judío dio su consentimiento al documento firmado por Ezra y Nehemías que prometía solemnemente que en lo futuro obedecerían los mandamientos y leyes de Dios.

Los imperios griego y romano

El Antiguo Testamento concluye con la reconstrucción del Templo y las murallas de la ciudad en Jerusalén.

En el año 333 a.e.c., Alejandro Magno de Macedonia guió al gran ejército de Darío III a la batalla de Isis, incendió la ciudad de Persépolis y tomó el imperio Persa. Alejandro extendió su imperio hasta la India, fundó ciudades-estado griegas en muchos lugares. Creía apasionadamente en los ideales griegos así como en su cultura y buscó difundirla por donde su poder se extendía.

Los ptolemaicos

Cuando Alejandro murió a la edad de 33 años en 323 a.e.c., sus cuatro generales se repartieron su imperio. Ptolomeo controló Egipto, mientras Seleuco reinó en la zona occidental del antiguo imperio. Aunque estos dos gobernantes luchaban frecuentemente entre sí, también estimulaban la unificación del mundo griego o helénico. Durante un tiempo, Palestina (Israel y Judá) fue gobernado por los ptolemaicos, pero en el año 198 a.e.c. cayó bajo el control de los seléucidas.

Antíoco IV Epifanes, el rey seléucida, intentó imponer la cultura y la religión griegas sobre los judíos, sólo consiguió la rebelión de los macabeos.

El gobernante, Antíoco IV Epifanes profanó el templo y decretó que el judaísmo estaba prohibido. En el año 164 a.e.c., tuvo lugar una exitosa rebelión judía encabezada por Judas Macabeo y durante casi un siglo la tierra de los judíos fue relativamente independiente.

Los romanos en Palestina

Gradualmente el imperio griego sucumbió a las disciplinadas fuerzas superiores de los romanos, con la caída de Corinto en el año 146 a.e.c.

Aunque los ptolemaicos eran generalmente dispuestos en favor de los judíos, el libro de los macabeos (desde los textos apócrifos incluidos en algunas Biblias) registra una excepción notable: Ptolomeo IV trató de masacrar a los judíos encerrándolos en el hipódromo y haciendo caminar elefantes sobre ellos.

Evidencia de la ocupación romana abunda en Palestina. Estos son restos de un baño romano en Hammat Gader, al sudeste del Mar de Galilea.

seguida por la de Atenas en 86 a.e.c. En 63 a.e.c. el general romano Pompeyo atrajo a Palestina y Siria bajo el control romano antes de ocupar Jerusalén. La independencia de Palestina, siempre frágil, finalmente terminó. Los romanos trajeron la ley, el orden y la estabilidad a los países que conquistaban, así como buenos caminos, comunicaciones y muchas comodidades domésticas. En el año 31 a.e.c. Octaviano se convirtió en el primer gobernante del imperio romano y adoptó el título de César Augusto en 27 a.e.c. Jesús nació durante su reinado, en el año 5 ó 4 a.e.c.

Durante mucho tiempo, el pueblo padeció la falta de guía espiritual, la filosofía abstracta de los griegos y el materialismo de los romanos no cubrían sus necesidades espirituales básicas. La única religión contemporánea que ofrecía una verdadera guía espiritual era el judaísmo y muchos gentiles (los no judíos) se sintieron atraídos. Los primeros cristianos descubrieron que, con la mejoría general en el transporte y las comunicaciones, el mensaje de Jesús se podía difundir de forma ágil por todo el imperio romano.

La cultura griega muy pronto siguió a las conquistas militares de los griegos. Atletas en un vaso.

Jesús

Figura central en la fe cristiana y en la historia de la Biblia. También es una encrucijada en la historia: la transición entre lo viejo y lo nuevo y el puente entre Dios y la humanidad.

Jesús de Nazaret fue llamado *Cristo* (del hebreo māšīah, que significa "el ungido") debido a su resurrección de entre los muertos. Desde el principio, este título formó parte de su nombre. Mateo y Lucas nos dicen en sus Evangelios que Jesús nació en Belén, Judea, hacia el final del reinado de Herodes el Grande (año 4 a.e.c.), y su crianza tuvo lugar en Nazaret, Galilea.

Bautismo y tentación

Jesús fue bautizado en el río Jordán por Juan el Bautista aproximadamente en el año 27 e.c. Este bautismo se ofrecía a todo el que deseara entrar en el reino de Dios y así escapar a la llegada del juicio divino. Aunque los motivos de Jesús para solicitar el bautismo son más que claros, el evento marcó el inicio de su ministerio público. Antes de que Jesús dejara su hogar para predicar y enseñar, pasó un tiempo de tentación en el desierto.

El ministerio de Jesús

Duró no más de tres años y tuvo

El ministerio de Cristo incluía la curación de los que sufrían mental, física y espiritualmente. *Cristo sanando a los enfermos*, de Rembrandt van Rijn (1606-1669).

lugar principalmente en Galilea. Uno de sus primeros actos fue reunirse alrededor de un grupo de amigos cercanos, discípulos o apóstoles, para compartir su vida y continuar su obra después de su partida de este mundo.

El reino de Dios se abrió para todos pero fue bienvenido especialmente por los pobres, los necesitados y los excluidos socialmente. Como señalan los Evangelios, Jesús dirigió sus enseñanzas principalmente al "rebaño perdido de Israel", los judíos, aunque correspondió a las necesidades de los gentiles que buscaban su ayuda. Sanó a muchos que estaban enfermos de mente, cuerpo y espíritu, y exorcizó demonios. Enseñó a la gente con estimulante autoridad, aunque no estaba formalmente capacitado como rabino. Sin embargo, las personas comunes, lo veían como tal.

Con los siglos, Jesús recibió muchos títulos que resumían algunas de sus obras en la Tierra. Entre éstos están Cristo, Mesías, Señor, Salvador, Pionero de la Fe, Reconciliador, Víctima, Sacrificio, Protector de la ira de Dios, Mediador, Maestro, Sanador, Pacificador, Señor del Cosmos y Libertador.

La flagelación de Cristo de la vida romanesca y salterio. Inglés, tal vez de Durham, siglo XII.

La enseñanza de Jesús

En sus enseñanzas, realizadas principalmente con el empleo de parábolas y sentencias breves y concisas, Jesús trató de estimular a la gente para volver al verdadero significado de la Ley al reducir la carga que los líderes religiosos habían impuesto en la gente común. Predicaba sobre la compasión divina y el perdón, la aceptación de lo cual traía la salvación y su rechazo del desastre espiritual. Sobre todo, llamó a los hombres y mujeres a un discipulado radical, al mostrar a sus seguidores que debían renunciar a filiaciones previas y seguirlo, incluso hasta la muerte.

Este era un mensaje controvertido y Jesús se ganó muchos enemigos al predicarlo, especialmente entre los fariseos y saduceos, líderes religiosos de la época. Conspiraron unidos para arrestar a Jesús y lo llevaron ante el Sanedrín, el consejo judío, y después ante Poncio Pilato, el gobernador romano de Judea. Fue Pilato quien condenó a Jesús a muerte y ordenó su ejecución en la cruz. Tres días después de que Jesús murió, en el 30 e.c. Dios lo resucitó. La creencia en la resurrección de Jesús se convirtió en la piedra angular de las prédicas de la incipiente Iglesia.

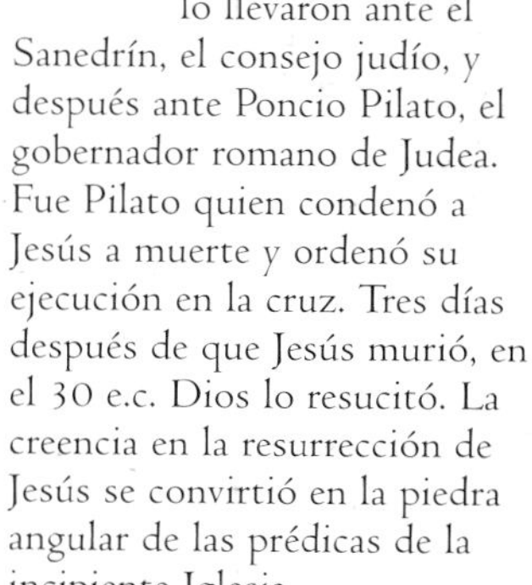

El nacimiento del cristianismo

La Iglesia cristiana nació a las pocas semanas de la muerte de Jesús, su resurrección y ascensión al Cielo. En poco tiempo, ser cristiano equivaldría a pertenecer a la Iglesia.

Familia romana con el monograma de Cristo en el centro. Base de un vaso de vidrio, siglo IV o V e.c.

El ministerio de Jesús terminó con su ascensión al Cielo y el inicio de la "era del Espíritu Santo". Al principio de esta nueva era, se estableció la iglesia cristiana y empezó a extender su influencia, alcanzando incluso al imperio romano.

El día de Pentecostés

Los eventos que tuvieron lugar en Jerusalén el día de Pentecostés, descritos en los Hechos de los Apóstoles, marcan el inicio de la comunidad cristiana así como los albores de su misión evangélica para esparcir la palabra de Jesucristo. Esta misión continúa siendo hoy la principal responsabilidad de la Iglesia.

Se nos dice que los discípulos se reunieron en Jerusalén cuando el Espíritu Santo descendió sobre ellos, como lenguas de fuego, llenado sus bocas con diversos idiomas. Esta dramática imagen se convirtió en un popular tema en siglos posteriores para los iconos de la Iglesia ortodoxa oriental y para el arte sacro occidental.

Pertenencia a la comunidad cristiana

Los seguidores de Cristo en Antioquía se llamaron "cristianos" a sí mismos desde

Antioquía en Siria. Luego de la dispersión de los creyentes en Jerusalén, Antioquía se convirtió en un controvertido centro de la cristiandad, y fue la iglesia de este lugar la que envió a Pablo en su primer viaje misionero.

Antes de que Cristo enviara la Iglesia al mundo, envió al Espíritu a la Iglesia. El mismo orden debe observarse hoy en día.

JOHN STOTT, TEÓLOGO BRITÁNICO

el principio. Esto enfatiza las características distintivas de todos los discípulos: su identidad religiosa deriva de Jesús el Cristo, el primer título que se le dio a Jesús en la Iglesia. Se consideraba que una persona era cristiana y miembro genuino de la comunidad cristiana si aceptaba a Jesús como el Cristo, así como su Maestro, Señor, Salvador y Juez.

Sin embargo, la cristiandad siempre ha sido más que una cuestión de simple compromiso personal. Desde el inicio incorporó el sentido de pertenencia a una comunidad, hermandad o Iglesia. Esta comunidad se formó en el tiempo de Pablo y se conoce como el "cuerpo de Cristo". La creencia en la divinidad de Cristo, el bautismo, la participación en la Eucaristía y la aceptación de la autoridad de las sagradas Escrituras no eran esenciales para pertenecer a la iglesia, fueron obligatorios para la Iglesia de los siglos posteriores.

Las jornadas misioneras de Pablo

Aunque Pedro fue el primer líder de la Iglesia cristiana, fue Pablo quien le dio forma e ímpetu. Judío converso realizó tres largos y arduos viajes, durante los cuales muchas personas se volvieron cristianas y se establecieron muchas iglesias.

A pesar de la oposición política y religiosa, la incipiente Iglesia cristiana ganó muchos adeptos. Pablo llevó a la Iglesia más allá de sus raíces judías y predicó la nueva fe a los gentiles. Saúl, como se le conoció en un principio, era un judío fariseo muy estricto; nacido en Tarso, con ciudadanía romana estudió en Jerusalén para convertirse en rabino. Guió a la oposición judía contra la cristiandad en esa zona, pero en el 33 e.c., mientras avanzaba para luchar por su fe en Damasco, se convirtió a la nueva fe de forma dramática.

Pablo el misionero

Después de pasar algún tiempo en la oscuridad, Pablo ayudó a Bernabé a establecer la fe cristiana en Antioquía. En el año 47 e.c., después de una reunión en Jerusalén con los discípulos Pedro y Santiago, emprendió un viaje que duró toda su vida y abarcó 16 200 km, para difundir la palabra de Dios. De acuerdo con los Hechos de los apóstoles, Pablo hizo tres viajes largos y visitó la mayor parte de los pueblos clave de Grecia y Asia Menor:

◆ Primer viaje (45 ó 46 e.c.) lo llevó de su base en Siria, Antioquía, a Chipre, antes de dirigirse a la actual Turquía. Visitó Atalia, Perge, Antioquía de Pisidia, Iconio, Derbe y Listra, antes de regresar a casa por la misma ruta.

◆ Segundo viaje (48-52 e.c.) regresó a las iglesias que había fundado en el primero, así como al norte de Grecia: Filipi, Tesalónica, Atenas y Berea. Regresó por barco de Corinto pasando por Éfeso y de Cesarea a Antioquía.

◆ Tercer viaje (inicia en 53 e.c.) Pablo viajó por tierra a través de Galacia y Frigia en Turquía. Permaneció en Éfeso durante dos años antes de ser atrapado en un motín, para después viajar a través de Filipos y Corinto.

¿Son ministros de Cristo? (como poco sabio hablo) yo más: en trabajos más abundante; en azotes sin medida; en cárceles más; en muertes, muchas veces.
De los Judíos cinco veces he recibido cuarenta azotes menos uno.
Tres veces he sido azotado con varas; una vez apedreado; tres veces he padecido naufragio; una noche y un día he estado en lo profundo de la mar. En caminos muchas veces, peligros de ríos, peligros de ladrones, peligros de los de mi nación, peligros de los gentiles, peligros en la ciudad, peligros en el desierto, peligros en la mar, peligros entre falsos hermanos.

2 CORINTIOS: 11: 23-26

Éfeso, en la actual Turquía, fue visitada por Pablo en su segundo y tercer viajes misioneros. Destruyó muchos edificios hermosos, incluyendo el Templo de Artemis, que era entonces la construcción más grande del mundo griego. Ésta es la fachada de la Biblioteca de Celso.

La estrategia de Pablo para evangelizar era muy sencilla: estableció iglesias en los principales pueblos y ciudades accesibles, gracias a los excelentes caminos romanos. Desde ahí, los fieles locales podían llevar el mensaje cristiano hacia las aldeas más remotas; por lo menos una de las iglesias a las que escribió, en Colosas, se fundó de esta forma. Para su tercer viaje misionero la mayor parte de las áreas que visitó tenían congregaciones florecientes. Fue después de este viaje cuando Pablo fue arrestado en Jerusalén. Estuvo en prisión entre 58 y 60 e.c., antes de ser conducido a Roma con una guardia. Durante dos años, Pablo estuvo en arresto domiciliario en la capital, aunque podía recibir visitas y predicarles el Evangelio. Aquí termina la historia de los Hechos de los apóstoles. Es ampliamente aceptado que Pablo fue ejecutado durante la persecución ordenada por Nerón cerca del año 64 e.c.

Las iglesias jóvenes

Los apóstoles estuvieron muy activos en los primeros años del cristianismo, aunque ninguno tanto como Pablo, quien fundó muchas iglesias en Asia Menor. Las cartas que les dirigió, muestran que mantuvo un interés permanente en su crecimiento espiritual.

Al final del primer siglo de la e.c., la fe cristiana se extendió a la mayor parte del imperio romano. Los primeros creyentes cristianos viajaron constantemente para llevar a otros su fe en Cristo y fundar nuevas iglesias.

El trabajo de los apóstoles

Los apóstoles fueron fundamentales en esta primera fase del cristianismo. Pedro estuvo muy activo en Roma, mientras Tomás viajó a India, Juan estuvo en Asia, Marcos en Alejandría y Pablo en Asia Menor. Algunos de los apóstoles fueron financiados por miembros adinerados de la Iglesia, otros, como Pablo, trabajaban durante sus viajes para poder vivir.

Pablo fue el más eficaz de los primeros misioneros. No sólo fundó muchas iglesias en los lugares que visitaba, sino que les escribió cartas (epístolas), muchas de las cuales fueron integradas al Nuevo Testamento. Entre otras, Pablo escribió a las comunidades cristianas en Roma, Corinto, Filipos, Tesalónica, Éfeso y Colosas. Estas misivas también eran leídas por una comunidad más amplia, pues en determinado punto eran reunidas y circulaban entre las comunidades familiarizadas con el trabajo de Pablo. Estas misivas son la fuente más rica que tenemos sobre las creencias y prácticas de la Iglesia cristiana en sus orígenes; en muchas de ellas, Pablo influyó decisivamente.

La Iglesia en formación

En sus inicios, la Iglesia cristiana era vista como una secta del judaísmo, igual que los fariseos y los saduceos; no obstante, fue bien recibida por gentiles y judíos. En la última parte del primer siglo, la Iglesia se convirtió en una numerosa comunidad, cuyos principales miembros eran gentiles.

Las primitivas comunidades cristianas estaban unidas por

En tiempos del Nuevo Testamento, el imperio romano se extendía por todo el Mediterráneo occidental y más allá. Esta zona fue la cuna del cristianismo.

La Iglesia en Filipos era especial para Pablo, pues fue la primera fundada en Europa, y la que cuidó de él durante sus últimos viajes y sufrimientos. Pablo escribió que así como Filipos era una posición romana, su Iglesia era una posición del reino celestial de Dios.

su identificación con las escrituras judías, pues creían que señalaban a Jesús como el tan esperado Mesías. El ingreso a estas comunidades estaba abierto a cualquiera que aceptara a Jesús como su salvador y señor. La unidad de cada comunidad se expresaba compartiendo el pan y el vino en la cena del señor como un acto conmemorativo de la última cena en que Jesús estuvo con sus discípulos. Cada iglesia también practicaba el rito del bautismo, rezaba el padre nuestro y ayunaba con regularidad.

La tierra que va del río Tigris al río Éufrates, bajando por Asiria, a lo largo del Mar Mediterráneo y hacia el sur pasando por Siria y Canaán hasta el Valle del Nilo, se conoce como la Creciente fértil. Fue la cuna de la civilización, pues allí se asentaron las primeras comunidades sedentarias agrícolas alrededor del 10 000 a.e.c.

Los sumerios fueron una civilización clave en el área y se desarrollaron a la cabeza del Golfo Pérsico alrededor del 3 500 a.e.c. Ciudades como Biblos, Tiro, Harrân, Damasco y Mari fueron construidas como puentes para el comercio y los movimientos de grupos militares y armas. Potencias poderosas como Egipto, Asiria y Babilonia trataron de controlar el territorio que rodeaba Jerusalén por su posición estratégica, lo que condujo a que se involucraran en los eventos mencionados en el Antiguo Testamento.

En todo este mundo antiguo circulaban historias sobre el origen del mundo, la creación de la humanidad y la gran inundación que ocurrió como castigo por los pecados de los seres humanos. Dos de estas historias fueron especialmente importantes:

◆ Épica de Gilgamesh. Es una historia babilonia que habla sobre la inundación enviada por los dioses como castigo para la humanidad y la manera en que un ancestro de Gilgamesh escapó en un barco que encalló en el Monte Ararat.

◆ En el Génesis, se cuenta una historia similar relacionada con la actividad demiúrgica de Dios. El clímax de esta creación es cuando forma al primer hombre y la primera mujer. Pero sus idílicas vidas pronto son destruidas por el pecado y la desobediencia. El derrumbe de la humanidad llega cuando Dios decide enviar un impresionante diluvio para destruir a todos, salvo a una familia cuya santidad los hace aptos para poblar la tierra después de las aguas. Dios da a Noé una señal, un arcoiris en el cielo: confirmación de su promesa de que nunca volverá a enviar un diluvio semejante, sin importar qué tan mal se comporte la raza humana en el futuro.

Entonces Dios dijo: "Hagamos al hombre a nuestra imagen y semejanza, y dejémoslo gobernar sobre los peces del mar y las aves en el aire, sobre el ganado, sobre toda la Tierra, y sobre todas las criaturas que se mueven por el suelo."

GÉNESIS 1:26

EL MUNDO DE LA BIBLIA

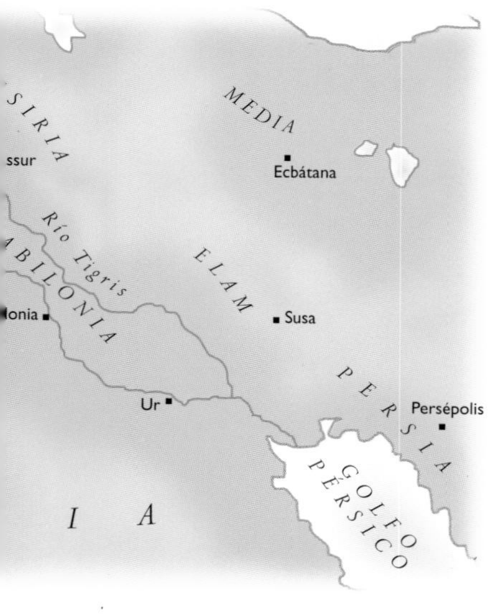

Contenido

El territorio de Palestina

Israel no era un país grande ni poderoso, pero su ubicación geográfica en forma de una delgada tira de tierra entre el mar y el desierto, le confirió una importancia económica y estratégica considerable.

La región montañosa, que corre desde Galilea hacia el sur hasta el Négueb, separa la planicie costera del Valle del Jordán y del desierto de Transjordania.

La tierra en que los israelitas se establecieron en el siglo XIII a.e.c. después de salir de la esclavitud en Egipto, fue conocida como Canaán, pero cambió su nombre y sus fronteras más de una vez en los siglos venideros. Se inició como un país, Israel, pero se dividió en los reinos de Israel y Judá después de la muerte de Salomón y, mucho después, los romanos lo dividieron en diversas regiones, incluyendo Judá y Galilea. El último nombre de Palestina se deriva de los filisteos que se mudaron a la delgada tira costera más o menos en la misma época que los israelitas conquistaron las tierras centrales bajo el liderazgo de Josué.

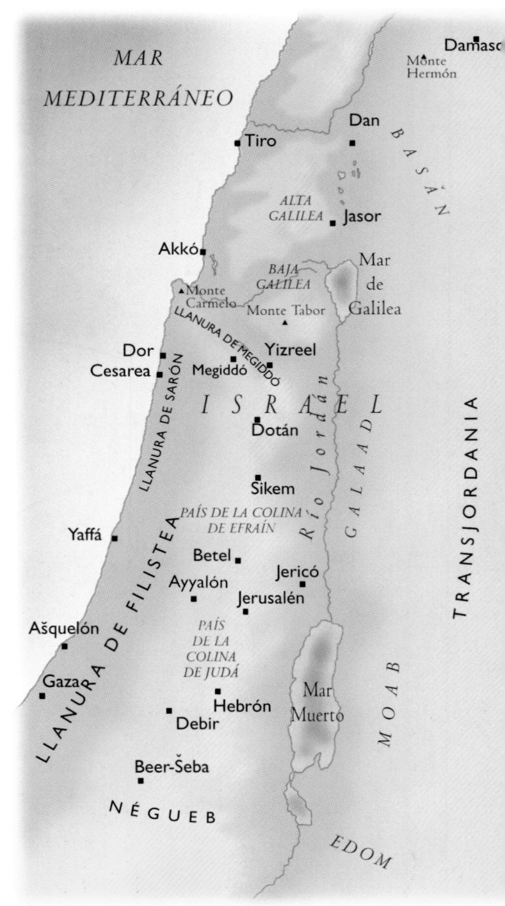

Dos lagos y un río

Existen dos mares tierra adentro en Israel, el Mar de Galilea y el Mar Muerto. El río Jordán une ambos y fluye a través de un espeso valle que con frecuencia se inundaba. El río forma la columna vertebral del país. Se eleva en las

La tierra ocupada por los israelitas se describe tradicionalmente como: de Dan a Beer-Šeba y si se observa el mapa se puede ver por qué. Esta área mide menos de 230 kilómetros de largo y sólo 80 kilómetros de ancho en su punto más amplio en la punta norte del Mar Muerto. La punta sur del Mar Muerto está a 400 kilómetros bajo el nivel del mar, lo que constituye el punto habitado más bajo en la superficie de la Tierra.

montañas de Líbano y se alimenta gracias a numerosos tributarios pequeños como el río Cerith. El Mar de Galilea, también conocido como Genesaret en los Evangelios, o Tiberíades, es un lago de agua dulce con una longitud de cerca de 21 kilómetros y con 12.8 kilómetros de ancho, además de tener una abundante variedad de peces. El Mar Muerto es mucho más grande, pero, como su nombre lo indica, casi nada sobrevive en sus aguas extremadamente saladas.

Geografía física

Dos valles cruzan el centro de Israel desde el Mar Mediterráneo en el oeste hasta el río Jordán: la llanura de Megiddó y el valle de Yizreel. El principal grupo montañoso corre de norte a sur, al oeste del Jordán, desde la Alta Galilea hasta el desierto. Al oeste de las montañas, por el Mediterráneo, y al sur de la llanura de Megiddó, se encuentran las fértiles planicies de Filistea y Sarón.

Hacia el norte, estas planicies se interrumpen por el cuerpo montañoso de Carmelo, en medio del cual hay un pasaje en Megiddó. Éste era un punto vital para el control del tráfico comercial y militar entre Egipto, Siria y el este. También era escenario de importantes batallas, incluyendo el frustrado intento del rey Yosías de Judá de detener a los egipcios.

Varias montañas se mencionan en la Biblia incluyendo el Hermón, a unos cuantos kilómetros de Dan, Tabor y al oeste del Mar de Galilea, y el Sinaí, al sur de Palestina y al norte del Mar Rojo. La exuberancia que rodea el Sinaí se une con Beer-Šeba por un área desértica conocida como el Négueb.

Al sur de Israel, el fértil suelo de las colinas da lugar al paisaje árido de Négueb.

Las regiones de Palestina

La geografía de la tierra de Palestina abarca siete regiones. Jesús pasó la mayor parte de su vida en la región sur de Galilea antes de hacer su viaje final a Jerusalén.

El paisaje de Palestina era ricamente variado.

Planicie costera

Cuando por primera vez los israelitas se mudaron a Canaán, vivieron en las tierras altas centrales e hicieron intentos esporádicos por conquistar la zona costera ocupada recientemente por los filisteos que estaban firmemente atrincherados ahí en cinco ciudades-estado. Los intentos por unificar el país resultaron infructuosos porque los filisteos habían descubierto cómo fundir y usar el hierro para hacer armas y carrozas, por lo que tenían una ventaja militar sorprendente. En cualquier caso, el área costera tenía un valor limitado para los israelitas, pues había pocos puertos naturales y eran un pueblo agrícola y no marítimo.

Galilea

Al norte del Monte Carmelo, la tierra se abre hacia la planicie amplia y fértil de Yizreel. Más allá de esta zona hay árboles y

Los campos amurallados y los sembradíos de aceitunas caracterizan las regiones de las tierras altas centrales.

valles que rodean la tierra del Mar de Galilea. La zona sur de Galilea fue escenario de muchas de las historias de los Evangelios, fue ahí donde vivió Jesús y donde llevó a cabo gran parte de su doctrina.

El pueblo de Samaría fue construido en 880 a.e.c. y sitiado por los asirios en 721 a.e.c., antes de que 27 000 cautivos fueran deportados y reubicados por los colonizadores del imperio asirio. Samaría fue destruida por Alejandro en el siglo IV a.e.c. pero fue reconstruida después por Pompeyo y Herodes el Grande.

El valle del Jordán

La tierra se eleva suavemente desde el Mediterráneo hasta cerca de los 1 000 metros sobre el nivel del mar, antes de caer precipitadamente por la gran cuchilla formada por el claro valle del Jordán: un canal que puede seguirse a lo largo de África del este. El río Jordán fluye del Monte Hermón, pasando por el Mar de Galilea, hasta el Mar Muerto. Este valle estuvo habitado desde el 5000 a.e.c. y las ciudades–estado empezaron a emerger hacia finales del cuarto milenio a.e.c.

Las tierras altas centrales

Las montañas de Samaría y las de Judea al sur son parte de la columna vertebral de las tierras rocosas y áridas. Cuando los israelitas llegaron, sus pueblos fortificados eran fáciles de defender. Aunque el área comprendía la ciudad capital de Jerusalén, había muy pocos caminos que pasaran por ahí.

Transjordania

Ésta era una zona fértil pero montañosa, con buena temporada de lluvias, que producía excelentes pastos para grandes rebaños de ovejas en tiempos bíblicos.

Las Montañas de Golan, al este del Mar de Galilea.

Šefelá

Un área de colinas bajas entre la planicie costera y las tierras altas centrales, forma un dique entre los filisteos de la costa y los israelitas de tierra adentro. Eran constantes las escaramuzas a lo largo de los caminos fortificados y las aldeas de la zona.

La llanura de Megiddó

Una línea de montañas variadas abarca la longitud total de Palestina a cierta distancia de la costa. La brecha que hay entre estas montañas sugiere que la tierra cayó cerca de 100 metros y dividió las tierras altas centrales de Galilea y las montañas del norte. Ésta fue la antigua ruta de comercio que unía Egipto a Damasco, a través de Siria y Mesopotamia.

Clima

Palestina tenía importantes variantes en temperatura, lluvia y vegetación para una tierra de sus dimensiones. Sus habitantes aprendieron a usar esta diversidad para hacer de su tierra un lugar fértil y productivo.

El clima de Palestina era caliente durante el verano, con poca lluvia y frío en invierno. Las "lluvias primera y última", mencionadas por el profeta Jeremías, caían al inicio y al final del invierno y eran esenciales para una buena cosecha.

Temperatura

En las playas del Mar Muerto las temperaturas podían superar los 40 grados Celcius, mientras que a sólo 160 kilómetros, en la Alta Galilea, podía estar nevando. En cualquier otra parte, aún en el invierno, un día cálido podía transformarse en una noche helada: había una amplia fluctuación diaria en la temperatura.

Lluvias

El nivel de precipitaciones pluviales en las diferentes regiones de Palestina dependía en gran medida de la altura sobre el nivel del mar. Por lo general, mientras más al sur, menor el nivel de precipitación. Llovía casi siempre en el invierno, que se iniciaba a mediados de septiembre, y el nivel más alto de precipitación se alcanzaba en diciembre y enero. Llovía menos avanzado marzo y a principios de abril, cuando llegaba el clima más seco. Los veranos eran muy

El Mar Muerto tenía 74 kilómetros de largo y hasta 16 kilómetros de ancho. El agua se evaporaba de la superficie a razón de 1 500 milímetros al año debido al calor.

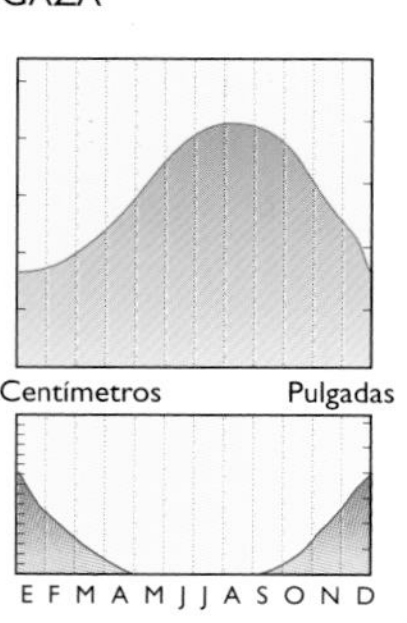

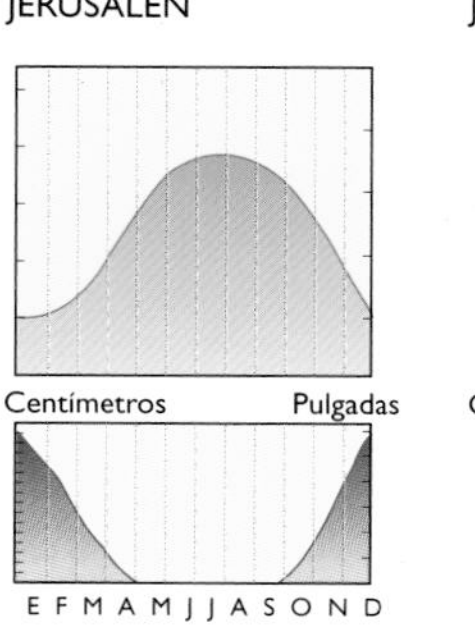

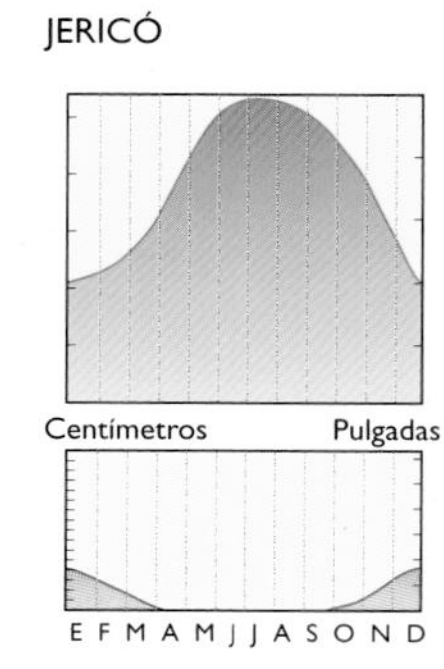

La Tierra se eleva gradualmente a través de Israel desde Gaza en la costa, hasta Jerusalén en las montañas de Judea. Ahí el terreno desciende abruptamente en el valle del Jordán, donde se sitúa Jericó. La temperatura promedio decrece gradualmente de oeste a este, pero se eleva alrededor de Jericó. La precipitación pluvial anual aumenta de oeste a este, pero desciende dramáticamente en el valle del Jordán.

Al Mar Muerto lo alimenta el Río Jordán, pero no tiene salida. Las altas temperaturas provocan rápida evaporación y el 25 por ciento del agua se forma por depósitos químicos concentrados.

secos, con muy poca o ninguna lluvia entre mediados de junio y septiembre. Las familias y los rebaños emigraban en busca de tierras más fértiles durante las frecuentes sequías.

Agua

La conservación del agua era una parte fundamental de la vida cotidiana en Palestina. El único río era el Jordán y aunque durante el año se alimentaba de la nieve del Monte Hermón, desembocaba en el Mar Muerto donde el agua se evaporaba rápidamente.

A medida que crecían las ciudades de Palestina, el problema del abastecimiento de agua se agudizaba. Los pueblos, las ciudades y las aldeas dependían de pozos locales y manantiales para abastecerse de agua, pero la ciudad de Jerusalén instaló drenajes para satisfacer las necesidades de su población. El derecho de acceso al agua era un privilegio muy buscado y defendido arduamente. Si se bloqueaba el abastecimiento de agua en cualquier lugar, fuera deliberada o accidentalmente, la muerte estaba cerca.

La gran variedad de vegetación encontrada en Palestina refleja sus rangos de temperatura y lluvias. El desierto y las estepas en el sur, daban paso a los bosques y pastizales en Líbano hacia el norte.

Árboles y plantas

En Palestina no había muchas especies diferentes de árboles en tiempos bíblicos, pero había una gran diversidad de hierbas y plantas.

Aunque Palestina nunca estuvo densamente arbolada, la presencia de árboles en los tiempos bíblicos era mayor que hoy. Las grandes variaciones climáticas estimulaban el crecimiento de una diversidad de plantas y hierbas, aunque muchas de las mencionadas en la Biblia son difíciles de identificar con exactitud hoy en día.

Árboles

El árbol de acacia, "árbol del desierto", fue usado por los israelitas para construir el Arca de la alianza, así como partes del Tabernáculo, la tienda en la cual se resguardaba el Arca. Robles, abetos, cipreses y pinos crecían en las partes montañosas del país, mientras los árboles que necesitaban agua, tales como los álamos, sauces y adelfas, crecían en espesuras a lo largo de los bancos del Jordán.

Los árboles frutales eran importantes para el comercio en el área. El almendro era apreciado por su aceite y sus frutos, y admirado por la belleza de sus flores,

Una solitaria acacia cerca del Mar Muerto. Uno de los pocos árboles que se encuentran en el desierto del Sinaí, las acacias proporcionaron la madera usada en la construcción del Arca de la alianza.

Flores silvestres crecen todavía en gran cantidad en las montañas de Galilea.

representado en los grabados del Arca de la alianza. En el valle del Jordán florecía la palma de dátiles; Jericó era conocida como "la ciudad de las palmeras". Este árbol alto y delgado se convirtió en el símbolo nacional de Palestina para la victoria y el regocijo, además de que en el Antiguo Testamento simboliza la gracia y la honradez. Aunque muy pocos cedros quedan en Líbano, este árbol se exportó en grandes cantidades en los tiempos del Antiguo Testamento. Era una madera muy duradera que podía grabarse con facilidad y se usó ampliamente en el panel del Templo de Salomón y en el palacio.

En más de una ocasión, Jesús se refirió a las *espinas* que crecían por doquier en Palestina, sofocando a las semillas después de plantadas. Desafortunadamente no podemos saber a qué tipo de espinas se refería pues había más de 120 especies en Israel.

Plantas y hierbas

Las laderas de Galilea en la primavera eran una multitud de flores y Jesús se refería a ellas generalizando como "lilas del valle". Es posible que hayan incluido crocos, amapolas, anémonas, margaritas coronadas, narcisos y ciclámenes. El mirto era un arbusto común en las laderas con sus fragantes hojas y flores. En el Antiguo Testamento, Isaías usaba esta planta como símbolo de la gran generosidad de Dios.

Muchas especies de ajenjo crecían en Palestina y todas tenían un sabor amargo. Por ello, la palabra se usaba metafóricamente para sugerir infelicidad, pena o desastre. La mandrágora era una hierba con flores de la familia de la belladona, conocida por sus cualidades afrodisiacas y sus virtudes para ayudar en la concepción, algo que Raquel y Lea, las esposas de Jacob, conocían, según su historia narrada en el Génesis. Las hierbas y especias eran muy apreciadas por sus propiedades medicinales y para sazonar los alimentos. Entre las hierbas más comunes encontradas en Palestina estaban ajo, anís, hisopo, comino, eneldo, menta y mostaza. Jesús se refirió a la pequeña semilla de la mostaza en una de sus parábolas, como una imagen adecuada del crecimiento del reino de Dios a partir de sus inicios insignificantes.

Matrimonio y vida familiar

Los papeles de las familias judías estaban bien definidos. El padre era responsable del bienestar material de su familia, mientras la madre se encargaba de la administración del hogar.

El ideal moderno de un hombre y una mujer que viven juntos en una monogamia de por vida, era algo extraño en el mundo primitivo del Antiguo Testamento. Abraham, fundador de la nación judía, tenía dos esposas, pero cuando la monarquía se instauró en Israel, la poligamia se restringió a la casa real.

Cada unidad familiar común era básicamente auto sustentable. Los alimentos y los animales se almacenaban en la casa. La familia era patriarcal: el padre tenía autoridad absoluta sobre sus descendientes excepto en áreas como la administración del hogar, que delegaba a la mujer. El autor del libro Proverbios señala las pesadas responsabilidades que se esperaban de la dedicada esposa judía. Los niños permanecían

Contrato de matrimonio judío. Italia, siglo XVI.

Una mujer de noble carácter, ¿quién la hallará? Vale mucho más que los rubíes... Ella se procura lana y vino y sus manos... hacen las labores con gracia. Aún de noche se levanta; y distribuye a su familia la comida... Ciñe con vigor sus lomos y fortalece sus brazos... Con sabiduría abre su boca...

PROVERBIOS 31: 10, 13, 15, 17, 26.

Relaciones familiares

Se consideraba que la base para un ambiente de amor en la familia tenía su fundamento en la reverencia hacia Dios y a sus enseñanzas en la Torá. El padre de familia era considerado como el representante de Dios y se esperaba que ejerciera una estricta disciplina sobre sus hijos basándose en las enseñanzas de las Escrituras. Se suponía que esta disciplina fuera firme y justa sin provocar, en ningún momento, la rebelión de sus hijos. Pero en casos extremos, la Torá permitía a los padres matar a los hijos que desobedecieran continuamente.

bajo el control del padre por lo menos hasta el matrimonio y, a su muerte, este control pasaba al hijo mayor. Cualquier herencia de la familia se heredaba en la línea masculina y al hijo mayor le correspondía el doble. La herencia sólo pasaba por la línea femenina en caso de no haber descendientes varones.

Matrimonio

En los inicios del Antiguo Testamento, la poligamia era la norma y a una familia le parecía sensato tener cuantos hijos fuera posible, pues eran ellos quienes cuidaban a los padres al llegar a viejos.
La elección de un compañero para el matrimonio era arreglada dentro del mismo clan o familia extensa, los primos en primer grado eran la primera opción. En tiempos del Nuevo Testamento el matrimonio constaba de dos partes:

◆ el compromiso: firma de un contrato matrimonial frente a dos testigos, contrato que sólo podía disolverse mediante el divorcio,
◆ cumplimiento del proceso de matrimonio cuando el novio recogía a su novia y la llevaba con él a su casa.

Las dos transacciones financieras tenían lugar como parte de una ceremonia de boda civil de mayor magnitud. El novio o su familia pagaban una suma de dinero al padre de la novia, quien la guardaba en caso de que éste o el esposo de su hija murieran. El padre de la novia daba una dote a su hija o a su esposo, que podía ser dinero, propiedades, tierra o sirvientes.

Educación

No fue sino hasta el periodo del Nuevo Testamento que se inició la educación fuera del hogar en Palestina. Los niños asistían a la sinagoga local para ser educados por los rabinos en las tradiciones de la religión judía, pero la educación de las niñas seguía siendo dentro del hogar.

Sabemos muy poco sobre la educación en el antiguo Israel, excepto que la educación moral y religiosa de los niños era considerada como responsabilidad primordial de los padres, especialmente de la madre.

Al padre correspondía la transmisión de las habilidades prácticas de los niños en la familia, ya sea

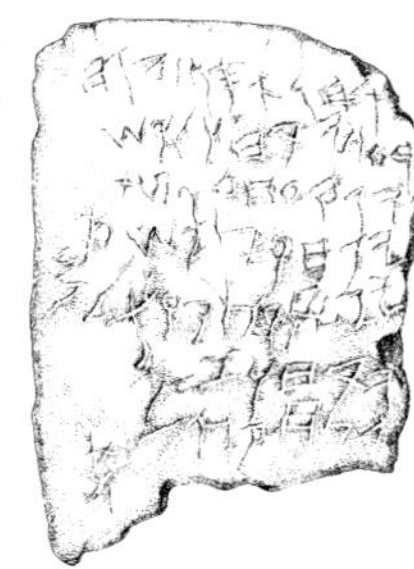

Calendario encontrado en Guézer con una lista de las tareas agrícolas del año. Está escrito como rimas escolares.

para cultivar la tierra o para pelear.

La familia era el eje de la transmisión de la fe y del ritual de una generación a la siguiente, el aspecto más importante de la educación. El centro del ritual de las festividades de Pascua se mantenía vivo gracias a la familia; estas festividades siguen siendo, esencialmente, una

En tiempos del Nuevo Testamento, la mayoría de los conversos al cristianismo eran iletrados, pero había oportunidades para que aprendieran a leer y a escribir. Muy pronto hubo cristianos en las escuelas literarias y filosóficas de la época.

La tradición oral

El método tradicional de enseñanza de los rabinos era la memorización; de esta forma la tradición oral se transmitía y difundía con fidelidad. Como resultado de este tipo de educación, la capacidad para retener información durante largo tiempo se convirtió en una habilidad bien desarrollada. Esto fue fundamental en los años posteriores a la prédica de Jesús, cuando la mayor parte de la información sobre él circulaba de boca en boca. Aunque existen pocas evidencias para sugerir que Jesús basaba sus enseñanzas en el método de los rabinos, muchas de sus proverbios eran construidos de modo que se adherían a la memoria. Cuando Jesús había partido, sus proverbios fueron conservados y se les dio un lugar prominente en las narraciones de los Evangelios.

El Cielo y la Tierra pasarán, pero mis palabras no pasarán.

MATEO 24:35

celebración familiar hoy en día.

En tiempos del Nuevo Testamento

En tiempos de Jesús, la educación para niños y niñas era responsabilidad de la familia, pero desde temprana edad eran enviados a estudiar con el rabino local en la sinagoga. De acuerdo con el Talmud, había 480 sinagogas con escuelas adjuntas sólo en Jerusalén. El rabino no cobraba honorarios, sino que prefería dedicarse a un oficio o negocio para vivir, como lo hizo Pablo cuando trabajó para financiar su ministerio de enseñanza y prédica.

Cuaderno de estudiante griego con siete "páginas" de madera que, por lo general, tenían un lado cubierto de cera, para poder escribir con un estilógrafo. Este ejemplar no estaba recubierto, lo cual sugiere que el cuaderno contiene notas que el propietario necesitaba guardar durante algún tiempo.

Alimentos y bebidas

Los alimentos y bebidas estaban integrados a la vida social y religiosa. Comer y ayunar han sido siempre características significativas de la fe judía, mientras que la ceremonia cristiana de la comunión se basa en el ritual de compartir los alimentos.

Excavaciones en Gibá muestran claramente la riqueza y estimación por el vino. Bodega de vino descubierta, con capacidad para 100 000 litros de vino a temperatura de 18° Celsius.

Casi toda la recolección y producción de alimentos en Israel se hacía para la subsistencia, cultivando sólo lo suficiente para satisfacer las necesidades familiares. Las lluvias escasas y las sequías frecuentes complicaban esta situación; la langosta y otras plagas también eran una amenaza constante para el abastecimiento de alimentos, al igual que los ejércitos invasores y saqueadores.

Avena y cebada silvestres crecen en Palestina. En tiempos bíblicos, la cebada constituía la dieta de los pobres.

Cereales y alimentos lácteos

Las cosechas de cereal constituían la dieta básica del pueblo de Israel, que apreciaba el trigo más que la cebada (la harina de cebada sólo era usada por los miembros más pobres de la sociedad). Tanto el trigo como la cebada eran usados para hacer pan. La leche se consumía desde tiempo atrás, cuando las tribus seminómadas vivían de la leche de su ganado. Aunque estos productos se usaban cotidianamente eran muy apreciados, como lo confirma la descripción de los judíos de la tierra prometida de Canaán como la tierra "bañada en leche y miel". La miel era una delicia apreciada y constituía la única forma de endulzar los pasteles.

Vegetales y frutas

Cuando los israelitas pasaron 40 años errando en su viaje hacia Canaán, recordaban con

Lagar de aceite de basalto en Cafarnaúm. Las olivas se colocaban en la concavidad de la piedra inferior. La piedra superior se rotaba como torno montado dentro del orificio.

LEYES DE ALIMENTACIÓN

Las estrictas leyes en la Torá acerca de la alimentación prohibían comer carne de cerdo, conejo, camello o cualquier animal sacrificado violentamente. Para que un animal fuera adecuado para la alimentación había que extraerle toda la sangre. También se prohibía el consumo de cárnicos o lácteos que se prepararan juntos. Durante la Pascua se aplicaban leyes especiales que en el hogar sólo permitían comer pan sin levadura y comida sin fermento.

gran nostalgia los pepinos, puerros, ajos y cebollas que habían comido en Egipto. La variedad de vegetales cultivados en Israel era más limitada, aunque las lentejas y los frijoles eran muy populares. En cuanto a la fruta, las aceitunas proporcionaban aceite y las uvas se comían frescas o en forma de pasas. Las uvas también se utilizaban para hacer vino, la bebida básica. Los higos eran alimento y medicina, a la vez. Los cereales disponibles eran almendras y pistachos.

Especies vendidas en un mercado de Beer-Šheva. Las caravanas de especias abrieron las rutas comerciales de Asia, desde Mesopotamia hasta Egipto.

Carne y pescado

La carne no era el alimento principal de la dieta en Israel y sólo se consumía en ocasiones especiales o cuando había invitados en casa, como el "becerro cebado" servido por los visitantes angélicos de Abraham y para el hijo pródigo en una de las parábolas de Jesús. El pescado era un alimento más frecuente, hay muchas referencias en los Evangelios que así lo señalan, incluyendo el recuento del Evangelio de Lucas sobre Jesús resucitado desayunando pescado con sus discípulos.

Vida laboral

En la Palestina del primer siglo, la principal actividad era la agricultura, aunque la industria de la pesca se desarrollaba en el Mar de Galilea. Unos cuantos palestinos trabajaban para las fuerzas invasoras, pero éstos eran considerados los más despreciados en la escala social.

Incluso las familias más pobres de Palestina trataban de comprar dos ovejas para las fiestas de Pascua cada año. Una de ellas se mataba y se comía en el Templo, pero la otra se conservaba como un compañero de juegos para los niños de la familia.

La mayoría de las familias en Palestina eran autosuficientes como propietarios y agricultores de una pequeña parcela. Mientras los hombres trabajan la tierra o hacían negocios, las mujeres cuidaban el hogar, tejiendo o hilando para obtener ganancias adicionales. Los padres enseñaban sus oficios a los hijos, con la esperanza de que desempeñaran un papel importante en el negocio familiar desde temprana edad.

Agricultura

La agricultura era un trabajo manual arduo, pues había que arar, sembrar, cosechar, cultivar uvas y aceitunas y criar borregos. La tierra se araba en la temporada de lluvias y después recorrían los campos esparciendo la semilla. La historia sobre el sembrador contada por Jesús en el Evangelio de Marcos ilustra lo prodigioso que era este método para sembrar. Las aceitunas se cosechaban entre septiembre y noviembre, el lino en marzo o abril, y el trigo de mayo a junio. La fruta se cosechaba en agosto o septiembre.

El ganado incluía borregos, cabras, bueyes y asnos, pero los agricultores judíos tenían prohibido criar cerdos. Los asnos se usaban para transportar las cargas pesadas, mientras que los bueyes jalaban el arado. En ocasiones especiales se

Año agrícola en Israel

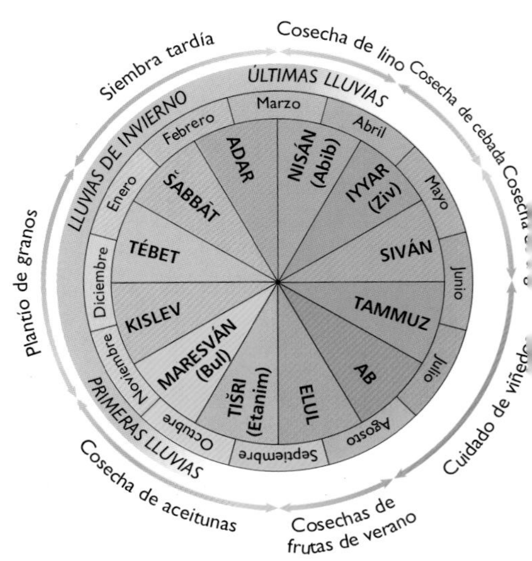

El pastoreo no era un idilio rural. Los pastores vivían en el campo enfrentando peligros y soportando temperaturas extremadamente altas.

podía matar un buey para aprovechar su carne, así como los borregos, aunque estos se criaban sobre todo por su lana.

Pastoreo

Ser pastor y vivir con el rebaño era una ocupación que exigía tiempo completo. Cada noche, los animales se encerraban en corrales de piedra dura y el pastor dormía a la entrada. Existía el peligro de animales salvajes y ladrones. Si alguien robaba los borregos o las cabras, el pastor tenía que recompensar al propietario, pero si los mataba un animal salvaje, se debía presentar evidencia del ataque.

Pesca

Con frecuencia los pescadores trabajan juntos porque el trabajo era pesado y aburrido: incluía salar, secar y vender la pesca, así como remendar las redes y reparar los botes para trabajar. Algunos pescadores se ganaban la vida echando la red desde la playa, otros trabajaban en parejas con botes con anclas. El trabajo más pesado consistía en sacar la red y llevarla a bordo cuando estaba llena.

La vida laboral en Palestina se complicaba por los impuestos que se aplicaban a los hombres comunes. (Las mujeres estaban exentas.) El hombre hacía un pago anual de la mitad de su caudal para el mantenimiento del Templo. Esto era recolectado por funcionarios que viajaban por el país. También había un pago a los gobernantes de Herodes e impuestos para Roma. De allí el resentimiento de la población trabajadora. La mayoría de las personas trabajaba toda su vida hasta que físicamente les era imposible.

Vida en las aldeas y los pueblos

La vida en Israel era agrícola y se desarrollaba por aldeas. Luego fue necesario que las personas se mudaran a los pueblos para su propia protección. En tiempos de Jesús estos pueblos eran comunidades muy complejas por la influencia romana y griega.

Isaías, el profeta del Antiguo Testamento, dijo que la tierra de cada persona era un don de Dios y no debía venderse ni comprarse. Pero con el tiempo la tierra se vendió y se compró. En Israel había un año de jubileo cada 50 años, durante el cual se pretendía que cualquier pedazo de tierra que se hubiera hipotecado para pagar deudas fuera devuelto a su dueño original.

En los tiempos bíblicos, las aldeas eran asentamientos humanos sin murallas donde los habitantes carecían de medios de defensa; mientras los pueblos estaban rodeados por murallas y construidos cerca de una fuente de agua. Los primeros asentamientos en Israel eran aldeas; algunas excavaciones arqueológicas muestran que las personas cultivaban la tierra en o alrededor de la ciudad de Jericó, desde el año 6 000 a.e.c.

Vida en la aldea

Las primeras aldeas no eran más que pequeños grupos de tiendas de grupos nómadas que se movían y asentaban en diferentes partes, según las estaciones. La vida en la aldea se centró en la agricultura; el aceite obtenido de los olivos se usaba en la medicina, la cocina y como combustible para el alumbrado. Por necesidad, las aldeas crecían cerca de fuentes de agua.

Vida en el pueblo

Los primeros pueblos se establecieron alrededor del 4000 a.e.c. debido a la creciente necesidad de las personas de unirse para poderse defender. Durante un

La puerta de la ciudad de Jerusalén. La reja de una ciudad no sólo era una parte importante de su defensa también era el lugar de reunión para discutir y cerrar negocios.

tiempo, muchas personas siguieron viviendo en aldeas, pero acudían al pueblo más cercano cuando se sentían amenazados o empeoraba el clima. La entrada a un pueblo era por una reja fuertemente protegida. La mayoría de las personas llegaba cada mañana para realizar sus negocios y permanecía cerca de la reja. Esta área era el corazón palpitante del pueblo; las transacciones legales, querellas y actividades comerciales se realizaban ahí. Fue en ese lugar donde Boaz adquirió a Ruth como su esposa y donde tomó posesión de las propiedades de su familia, del pariente varón más cercano.

La influencia de los griegos y los romanos se advirtió en la formación de los pueblos durante el periodo del Nuevo Testamento. Los edificios, de varios pisos de altura, se ubicaban en calles angostas y el pueblo era más un lugar para el comercio que para el refugio. Los romanos construyeron acueductos para las ciudades y pueblos; baños públicos y eficientes sistemas de drenaje. Cuando el rey Herodes el Grande construyó Samaría y Cesarea, utilizó un plano romano y ubicó la calle principal atravesando el centro de la ciudad, cruzada por otras calles en ángulo recto, y las casas construidas en grupos de cuatro.

Herodes el Grande construyó el pueblo costero de Cesarea en honor de César Augusto. El más alto de dos acueductos transportaba agua, nueve kilómetros, desde las colinas del sur del Monte Carmelo.

Tenencia de la tierra

Cuando los israelitas entraron por primera vez en Canaán, a las 12 tribus se les dieron parcelas de tierra. La tierra se dividió en partes iguales entre las personas de cada tribu, sin embargo esta igualdad se rompió cuando se estableció la monarquía y los grandes Estados empezaron a absorber los territorios más pequeños. Surgió una clase de burócratas próspera y con gran influencia que aprovechó toda oportunidad para oprimir a los pobres. Los pobres se hicieron más pobres, de modo que los trabajadores fueron forzados a contratarse por comida. Esta práctica fue la más criticada por los profetas.

Viaje y transporte

Viajar era necesario y casi siempre incómodo en los tiempos bíblicos. Se viajaba a pie, en camellos y asnos; algunas naciones construyeron barcos. En tiempos romanos, una extensa red de caminos facilitó los viajes.

Egipto desarrolló la carroza para uso militar y civil alrededor del 2600 a.e.c. Las ruedas de la carroza eran construidas al cortar la madera en la dirección de la veta en dos semicírculos y uniéndolos por medio de dos tiras de madera.

A pesar de todos los problemas y peligros, viajar era común en tiempos bíblicos: el viaje de Abraham a Canaán, el de Jacob a Egipto, el de los israelitas a través del desierto y los viajes de Pablo para predicar el Evangelio, son algunos de los viajes épicos mencionados en la Biblia.

Antiguo Testamento

En tiempos del Antiguo Testamento había pocos caminos pavimentados en Palestina y mientras las grandes naciones marítimas de Egipto y Fenicia construían barcos de guerra y barcos para navegar, los israelitas permanecían en tierra con un gran temor hacia el mar. La única excepción aparece durante el reinado de Salomón, cuando una flota de barcos fue construida con fines comerciales; incluso entonces se necesitó ayuda externa de Jiram,

Modelo de un barco similar a los usados por la flota comercial de Salomón.

Las tierras altas de Judá no cuentan con caminos, incluso hoy. No es difícil imaginar la historia del buen samaritano en un camino como éste cerca de Jericó.

rey de Tiro, porque en Israel no había la pericia necesaria para ello.

Nuevo Testamento

El eficiente y extenso sistema de caminos establecido por los romanos facilitó los viajes por Israel, tanto que los carruajes podían ser usados por personas acaudaladas. Los caminos sólo iban en direcciones que los romanos consideraban necesarias para sus fines: el transporte de bienes y tropas alrededor de su imperio.

Mojón romano cerca de Cafarnaúm.

La parábola de Jesús del buen samaritano proporciona una idea de los problemas asociados con esos caminos.

El asno se domesticó en Palestina antes que el caballo o el camello, fue la principal bestia de carga y el medio más popular de transporte. Aunque los caballos se reservaban para la guerra durante el periodo del Antiguo Testamento, los usaban más los civiles durante el Nuevo Testamento, pero no podían cargar mucho y su mantenimiento era costoso.

En tiempos bíblicos, con frecuencia los comerciantes hacían largos viajes en grupo, no sólo para tener compañía sino como estrategia de protección contra los grupos de bandidos. Había caravanas reconocidas que cruzaban Palestina en todas direcciones. Estas rutas eran de gran importancia comercial para la tierra de Palestina, delgada y rodeada en gran parte por el Mar Mediterráneo hacia el oeste y por el desierto de Siria hacia el este. El tránsito entre Mesopotamia y Arabia, Egipto y el resto de África, pasaba por un angosto corredor de no más de 120 kilómetros de ancho. En esta ruta proliferaron importantes ciudades y se colocaron casetas para las caravanas.

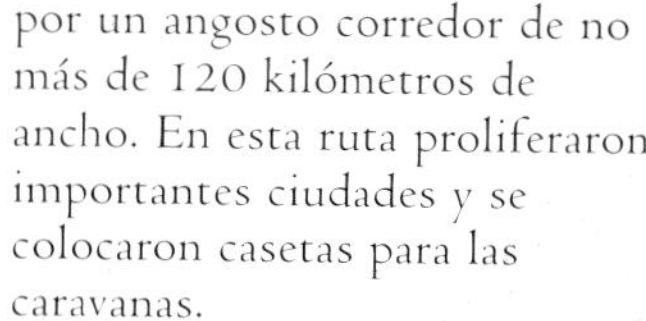

Fiestas y días de guardar

Los judíos celebraban el šabbāt como un tiempo de reflexión y descanso. Entre las fiestas más notables estaba la Pascua, celebrada para agradecer a Dios por todos los favores. También tenían fiestas para los eventos del año agrícola.

El séptimo mes del calendario judío, el mes de *Tišir*, era el más solemne del año. El primer día de este mes sonaban las trompetas por una celebración especial que consideraba el día de descanso y relajación incluso más importante que el *šabbāt* mismo.

Desde los primeros tiempos, los israelitas mantuvieron los ayunos y las fiestas como parte de su religión y forma de vida. Las fiestas gradualmente se convirtieron en una mezcla de celebraciones agrícolas y tiempos para conmemorar los tratos de Dios con el pueblo de Israel. Después, el aspecto histórico de las festividades cobró importancia.

El šabbāt

El día del šabbāt era la fiesta distintiva de Israel y, a diferencia de otras festividades, ésta se celebraba semanalmente y no cada año. El séptimo día de cada semana se apartaba, como lo señaló Dios en las Escrituras,

Los judíos ortodoxos veneran ejemplares de la Torá durante la festividad en el muro oriental de Jerusalén.

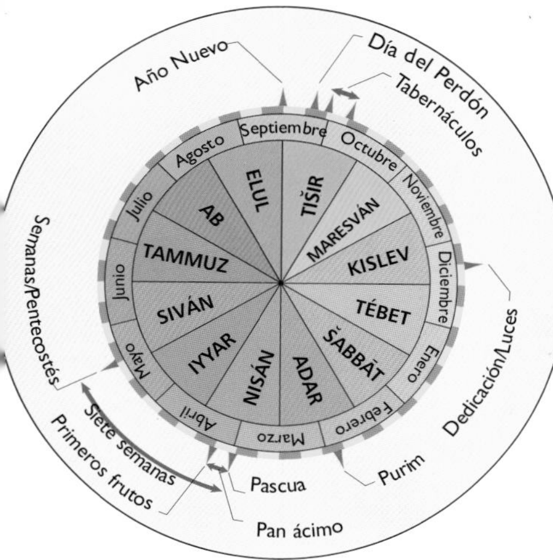

Festividades religiosas en el año judío.

para el descanso total de los animales y las personas; es un día en que los judíos debían reflexionar sobre la bondad de Dios y sus ancestros en Egipto. Este día era también un reconocimiento de que el descanso y el trabajo, eran parte del patrón de vida presentado por Dios.

Pascua

La pascua (conocida también como la festividad del pan ácimo o *pesah*) era la fiesta anual judía más importante. Ocurría la noche del 14 de *nisán*; cada familia sacrificaba un cordero como recordatorio del tiempo en que el Ángel de la muerte pasó sobre la casa israelita antes de matar a cada primogénito egipcio, la última de las 10 plagas. En tiempos de Jesús, la pascua era la principal festividad de peregrinaje que reunía a los judíos de todo el imperio romano en el templo de Jerusalén.

Pentecostés y tabernáculos

Las otras dos festividades de peregrinaje eran Pentecostés, o *šuvuot*, que tenía lugar 50 días después de la pascua y señalaba el final de la cosecha, así como la fiesta de los tabernáculos, o *sukkot*, que ocurría en otoño y marcaba la cosecha de la fruta y cereal. Las celebraciones incluían la construcción de tabernáculos como recordatorio del tiempo en que los israelitas pasaron 40 años viajando hacia la tierra prometida. Los judíos aún celebran estas fiestas.

Otros días sagrados

En tiempos de Jesús había otras fiestas o días sagrados para la comunidad judía. Al final del verano se convocaba al ayuno antes del año nuevo, o *yom kippur*, cuando la gente buscaba el perdón de Dios por medio del arrepentimiento. Éste era el único día en el que los sumos sacerdoes podían entrar al *sanctasantorum*, la parte más recóndita del Templo de Jerusalem.

El templo

La existencia del templo en la ciudad capital de Jerusalén simbolizaba la presencia de Dios entre su pueblo. Se erigieron tres edificaciones en el mismo sitio antes de que los romanos finalmente destruyeran el templo en el año 70 e.c.

Los tres templos fueron construidos entre el tiempo de Salomón, siglo X a.e.c., y el de Herodes el Grande, primer siglo a.e.c. Cada uno de ellos estaba dedicado a la adoración de Dios.

El primer templo

David fue el primero en promover los planes para la construcción de un altar central para la adoración nacional en Jerusalén. Estos los llevó a cabo su hijo Salomón en el siglo X a.e.c. Salomón construyó su templo en una colina al este de la ciudad donde se ubica hoy el Domo de la roca, un altar musulmán muy importante. El edificio de Salomón era rectangular con una atrio hacia el este, una nave y santuario interior, el santo de santidades. Toda la estructura estaba adornada con oro y el altar interior estaba vaciado en este metal preciado. El lugar más santo contenía el arca de la alianza y todo el edificio estaba rodeado por dos patios. Después de haber sido amenazado y saqueado varias ocasiones, este templo fue destruido finalmente por el rey Nabucodonosor en 587 ó 586 a.e.c.

El segundo templo

El profeta Ezequiel tuvo la visión de un nuevo templo en 571 a.e.c., pero éste nunca se construyó. Aquellos desterrados que regresaron después a Israel desde Babilonia construyeron otro templo en el mismo sitio, pero mucho más pequeño que el de Salomón. La obra se concluyó el 515 a.e.c. Aunque el edificio estuvo en pie por más de 500 años poco se sabe de él, excepto que fue manchado por el gobernante seleucida Antíoco IV Epífanes, que gobernó de 175 a 164 a.e.c. Esto llevó a una revuelta de los judíos bajo el liderazgo de Judas Macabeo. El templo fue continuamente vuelto a dedicar, evento que los judíos celebran anualmente en la fiesta de la dedicación, o *hanukká*.

De acuerdo con Josefo, historiador judío, los romanos empezaron a destruir el templo el décimo día del quinto mes en el año 70 e.c. El mismo día en que este templo había sido convertido en cenizas por el rey de Babilonia.

El tercer templo

Herodes el Grande no destruyó el segundo templo; decidió restaurarlo y reconstruirlo; puesto que era poco popular entre los judíos, esto seguramente hubiera provocado motines. Así, aseguró que el culto continuara sin interrupción y la obra principal tomó 18 meses. Ubicada sobre los mismos planos que el templo de Salomón, la construcción de Herodes era más grandiosa, pues el edificio en su totalidad estaba cubierto de oro. Un claustro cubierto estaba justo alrededor de los patios exteriores. La entrada principal, desde el sur, llevaba al primero de los patios, llamado patio de los gentiles. Este espacio estaba abierto a todos, pero letreros en latín y griego prohibían a cualquiera que no fuera judío ir más allá, so pena de muerte. El siguiente patio era el patio de las mujeres, que era hasta donde las mujeres podían llegar, a menos que llevaran una ofrenda. Los judíos varones podían entrar al patio de Israel y participar en una procesión en el patio de sacerdotes durante la fiesta de los tabernáculos.

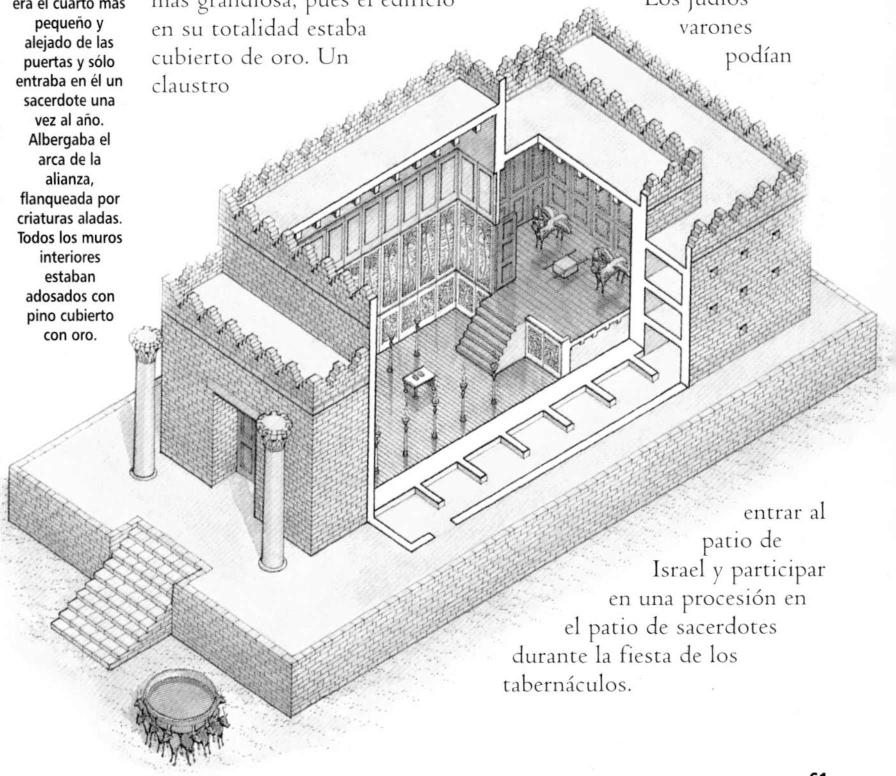

Visión de un artista del templo de Salomón. El cuarto principal era el lugar sagrado y tenía el altar de incienso, la mesa de pan de proposición y cinco pares de candelabros. El santo de santos era el cuarto más pequeño y alejado de las puertas y sólo entraba en él un sacerdote una vez al año. Albergaba el arca de la alianza, flanqueada por criaturas aladas. Todos los muros interiores estaban adosados con pino cubierto con oro.

Religión del Nuevo Testamento

Mientras el templo estuvo erigido en Jerusalén constituyó el centro nacional de la vida religiosa judía aunque, en la práctica, esto había llegado a depender más de la sinagoga local en el tiempo de Jesús.

En tiempos del Nuevo Testamento, los elementos básicos de la vida espiritual judía eran la oración, el estudio de la Torá, la asistencia a los servicios en la sinagoga, ayuno frecuente, guardar el día del šabat y celebrar las festividades religiosas.

La fe de Israel

Desde su concepción, el judaísmo fue siempre una fuerte fe monoteísta comprometida con el principio de que Dios había creado todo y llamado a los primeros patriarcas y ancestros a una relación especial con él, una alianza que se basa en la confianza y fe mutuas. Las principales características de esta alianza se encuentran en la Torá, ley que se espera guarden todos los judíos como signo de su buena fe y compromiso con

Sinagoga de principios del siglo V en el pueblo galileo de Cafarnaúm, que posiblemente se erige en el sitio en que Jesús predicaba. El estilo clásico de su arquitectura semeja el de la sinagoga en Corozain a tres kilómetros de distancia.

Escucha Israel: Yahvéh es nuestro Dios, Yahvéh es único. Amarás a Yahvéh tu Dios con todo tu corazón, con toda tu alma y con todas tus fuerzas.

LA *ŠEMÁ*, DEUTERONOMIO 6:4-7

Dios. La *Šemá*, repetida diariamente, era lo más parecido a un acto de fe de los judíos, con la letanía de que Dios es el único y todos los otros dioses y deidades son ídolos vacíos.

El templo y la sinagoga

Para todos los judíos era fundamental seguir la Torá y sus leyes. Se les enseñaba que una perfecta obediencia a la Torá podía apresurar la llegada del esperado y ansiado Mesías, que liberaría al pueblo de todos sus enemigos y fundaría el reino de Dios en la Tierra. Aunque para el tiempo de Jesús, los judíos, hombres y mujeres, llevaban el culto más en la sinagoga local que en el templo, no fue sino hasta la destrucción de éste en el 70 e.c. cuando la sinagoga asumió el lugar central de culto para todos los judíos.

La costumbre ancestral es obedecer al sacerdote del Dios que adoramos.

FLAVIO JOSEFO (*ca.*37-95 e.c.) HISTORIADOR JUDÍO

Después de esto, el rabino y no el sacerdote del templo, era el ejemplo primordial de la sociedad judía para la comprensión e interpretación de la Torá. Cesaron los sacrificios con los eventos del año 70 e.c. y los servicios de la sinagoga adquirieron relevancia. La sinagoga fungía como la escuela y el centro para el gobierno local, y como lugar para las reuniones políticas, sociedades de caridad y juzgados.

No obstante, durante el tiempo de Jesús, muchas personas fuera de Jerusalén se esforzaban por llegar al templo de Jerusalén para tres de las grandes fiestas de peregrinaje: pascua, Pentecostés y tabernáculos. El templo era también donde los rabinos sobresalientes enseñaban, bajo las columnatas de la corte de los gentiles. Después de su dramática entrada en Jerusalén montado en un burro al inicio de la última semana de su vida, Jesús pasó algún tiempo enseñando y discutiendo en su propia casa.

La palabra "Biblia" viene del latín *biblia*: libros, y su forma plural llama la atención porque implica una colección —una biblioteca— de libros.

El Antiguo Testamento, las escrituras judías, alcanzó su forma actual por el año 1 000 a.e.c., mientras que los últimos libros del Nuevo Testamento fueron autorizados cerca del año 100 e.c. Sin embargo, el reconocimiento religioso oficial llegó después.

Los libros del Antiguo y el Nuevo Testamento (la Biblia cristiana) son diversos. La mayoría pasó por un proceso de edición, interpretación, adaptación y ampliación. La crítica a la Biblia nos puede ayudar a comprender un poco este proceso, aunque los hallazgos de los especialistas son tentativos.

El Antiguo Testamento tiene 24 libros divididos en tres grupos: La Ley (Torá), los Profetas y las Escrituras. Algunos de los libros se dividen en dos, por lo que son 39 en total:

◆ La Torá, con cinco libros (Génesis, Éxodo, Levítico, Números y Deuteronomio).
◆ Los Profetas, con 21 libros, incluyendo a Josué, Reyes 1 y 2, Isaías y Malaquías.

La Torá se exhibe en el muro oeste, Jerusalén.

◆ Las Escrituras, con 13 libros, incluyendo a Ruth, Crónicas 1 y 2 y Salmos.

El Nuevo Testamento incluye 27 libros más que pueden dividirse en:

◆ Libros históricos: los cuatro Evangelios y Hechos de los Apóstoles.
◆ Epístolas: las cartas escritas por Pablo, Pedro, Juan y otros.
◆ Literatura apocalíptica: el libro del Apocalipsis.

Si la Biblia estuviera en lenguaje claro y directo, si las ambigüedades y contradicciones hubieran sido eliminadas y si el lenguaje hubiera sido modernizado constantemente de acuerdo con el gusto contemporáneo, es casi seguro que hubiera sido... una obra de menor importancia.

J. K. GALBRAITH, HISTORIADOR Y ECONOMISTA

CONSTRUCCIÓN DE LA BIBLIA

Contenido

El texto de la Biblia

La Biblia es una colección de libros escritos en diferentes épocas y por diversos autores. Ninguno de los manuscritos originales ha sobrevivido.

Los estudiosos han tratado de encontrar el texto más antiguo y confiable de la Biblia. Es obvio lo crucial que resulta para los cristianos poder leer lo que los autores de los diferentes libros dijeron realmente o la versión más apegada posible.

El texto del Antiguo Testamento

La traducción más antigua de las escrituras judías era la Septuaginta (también conocida como LXX), una traducción del hebreo al griego para cubrir las necesidades de los judíos que se habían dispersado por el

Se han hecho grandes avances en el estudio del texto bíblico durante los últimos dos siglos. En lugar de los textos griego y hebreo mal editados, los académicos y estudiantes tienen acceso directo a versiones cuidadosamente editadas repletas de información textual.

BART D. EHRMAN, ESTUDIOSO DE LA BIBLIA DEL SIGLO XX.

San Jerónimo *leyendo en un paisaje* por Giovanni Bellini (*ca.* 1430–1516).

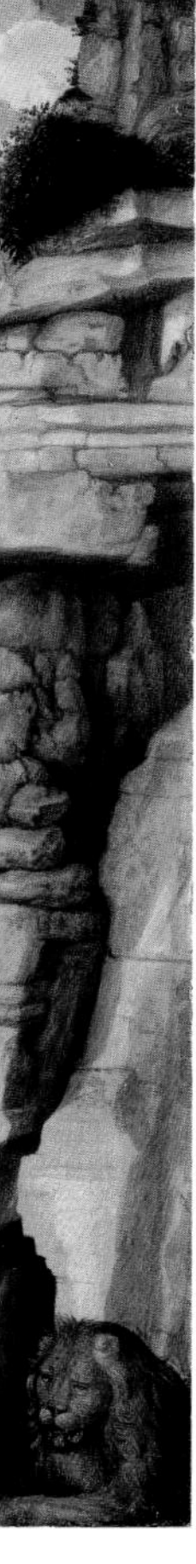

mundo de habla griega y que desconocían el hebreo. Esta traducción fue la base de las traducciones posteriores. La más notable por su influencia, es la versión del latín vulgar de San Jerónimo del año 382 e.c.

Las traducciones de las escrituras judías con base en el texto hebreo se tomaban generalmente de la versión masorética. Los masoretas fueron un grupo de estudiosos judíos que trabajaron entre el 500 y el 1 000 a.e.c. y que agregaron vocales al texto hebreo que, hasta la fecha, ha constado sólo de consonantes. Para preservar la santidad del texto antiguo, los estudiosos masoretas añadieron marcas encima y por debajo de las líneas de escritura para no perturbar el texto original.

La confiabilidad del trabajo de los masoretas puede probarse al compararlo con algunos de los rollos del Mar muerto, manuscritos 1 000 años más antiguos que cualquier otra versión hebrea de las escrituras y, por lo mismo, más exactos. Tal comparación sólo sirve para incrementar nuestro respeto por la confiabilidad de otros antiguos textos hebreos que conocemos.

El texto del Nuevo Testamento

Existen miles de manuscritos griegos del Nuevo Testamento. Los manuscritos más antiguos casi completos datan de los siglos IV y V e.c. También hay fragmentos en papiros que datan de los siglos II y III e.c. Otros manuscritos están en pergamino y encuadernados en forma de códices. Estos proporcionan un texto continuo, ya sea en la forma de unciales (letras mayúsculas) o en minúsculas. En estos códices no hay espacios entre las palabras, tampoco signos de puntuación o separación de capítulos y versos. Los unciales más importantes son el *Codex Sinaiticus* y el *Codex Vaticanus* del siglo IV e.c. El *Codex Bezae* contiene el texto tanto latino como griego de los Evangelios y los Hechos de los apóstoles. El fragmento más antiguo de un manuscrito en papiro es un breve extracto de Juan 18, el cual fue descubierto en Egipto y publicado en 1935; este fragmento ha sido fechado cerca del año 135 e.c.

La Biblia hebrea

La Biblia hebrea o judía (el Antiguo Testamento cristiano) contiene tres tipos principales de literatura: material narrativo, incluyendo la Torá; libros proféticos y libros de sabiduría, así como poesía y canciones.

Los libros que integran la Biblia hebrea y el Antiguo Testamento, con las variaciones clave en orden, fueron escritos durante 900 años. Estos libros pueden dividirse en tres tipos de escritura. Parte de la fascinación de la literatura bíblica, reside en su variedad.

Libros de narrativa

Los primeros 17 libros de las escrituras judías, del Génesis a Ester, son en gran parte narrativos. Los primeros cinco (Génesis, Éxodo, Levítico, Números y Deuteronomio) ocupan un lugar único en las escrituras judías. Juntos son conocidos como la Torá (Ley) o el Pentateuco y contienen la historia del éxodo de los judíos al liberarse de la esclavitud de Egipto y su viaje hacia la tierra prometida en Canaán. Fue en este viaje cuando los israelitas recibieron su más preciado don de Dios: la Ley. En el corazón de este don residen los diez mandamientos.

Libros proféticos

En la tradición judía estos libros se conocen como los últimos profetas; los primeros profetas son los libros de Josué, Jueces, Samuel y Reyes. Los últimos profetas son los libros de Isaías, Jeremías y Ezequiel (profetas mayores) juntos con los 12 profetas menores desde Oseas a Malaquías. La tradición cristiana incluye el libro de Daniel entre los últimos profetas. Aunque estos libros se han titulado con el nombre del profeta, la mayoría fueron compilados por discípulos del profeta y no por él mismo. Estos libros, compuestos entre los siglos IX y III a.e.c., proporcionan valiosa información histórica sobre diferentes periodos en la historia de Israel.

Literatura de la sabiduría

Este tipo de literatura incluye proverbios sabios, piadosos y de enseñanzas que conforman el libro de Proverbios. La naturaleza de los proverbios

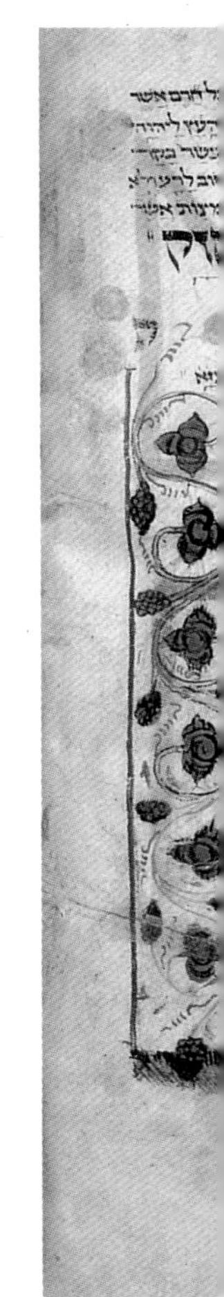

Jesús les dijo: "Esto es lo que yo os dije estando aún con vosotros, que es preciso que se cumpla todo lo que está escrito en la Ley de Moisés, en los Profetas y en los Salmos". Entonces les abrió la inteligencia para que entendiesen las Escrituras.

LUCAS 24: 44-45

Lección de Torá del Pentateuco de Coburg. Manuscrito judío del siglo XIV iluminado en Francia.

permitió a las personas recordarlos durante mucho tiempo y transmitirlos de una generación a otra. Algunos libros de sabiduría, como el de Job y Eclesiastés, tratan temas más profundos como el significado y futilidad de la vida, el mal y el sufrimiento.

Jesús reconoció la existencia de las escrituras judías auténticas cuando se refirió a "la Ley y los Profetas". Después, las escrituras judías también se refirieron a la división en tres partes de la Ley, los Profetas y las Escrituras. Cuando Jesús se apareció a sus dos discípulos en el camino a Emaús después de su resurrección, les mencionó la Ley de Moisés, los Profetas y los Salmos.

La Septuaginta

Hacia finales del siglo IV a.e.c. el griego se había convertido en el principal medio de comunicación en gran parte del mundo conocido. En las comunidades judías, ampliamente dispersas por el del Mediterráneo y el Medio oriente, sólo algunas personas hablaban hebreo, así que las comunidades en su totalidad no podían leer sus propias Escrituras.

El Pentateuco fue traducido del hebreo al griego en la ciudad de Alejandría, Egipto. De un mosaico del siglo VI en la iglesia de San Juan, Gerasa, Jordán.

En un mundo dominado por la cultura griega y su idioma, surgió la necesidad de traducir las escrituras hebreas al griego. Este trabajo empezó en el siglo III a.e.c.

Traducción griega

Se envió de Jerusalén a Alejandría un manuscrito hebreo confiable para ser traducido, y a Ptolomeo II (282-246 a.e.c.) se le

encomendó la traducción del Pentateuco (los primeros cinco libros de las Escrituras) al griego. Esta traducción, conocida como la Septuaginta, continuó con el recordatorio de las escrituras hebreas durante los siguientes dos siglos. Una vez terminada la traducción, surgieron varias reacciones por parte del judaísmo:

La versión Septuaginta de las escrituras judías tomó su nombre de la leyenda de que su traducción al griego fue realizada por 70 (o 72) estudiosos judíos y se concluyó en el mismo número de días.

◆ Algunos, especialmente aquellos judíos que aún vivían en Palestina, pensaban que la traducción era demasiado libre y se pusieron a revisarla para acercarla más al texto hebreo.
◆ Otros, como los que vivían en la diáspora, pensaban que la traducción griega había sido inspiración divina, dándole a la Septuaginta un lugar similar al del texto hebreo. Este grupo no veía necesidad alguna de una revisión de la Septuaginta, pues tenía autoridad divina.

El valor de la Septuaginta

La Septuaginta incluye cierto número de escrituras que no se encuentran en las escrituras hebreas tradicionales, más algunas traducciones de los originales arábicos y otros escritos en griego. Estos se convirtieron en la base para la Apócrifa, una colección de libros del periodo entre ambos Testamentos aceptada como canónica por las iglesias católica romana y ortodoxa occidental, pero no así por las iglesias judía ni protestante. Así, por ejemplo, los libros de Tobías, Judith, la Sabiduría de Salomón, Sirach, Baruch, la carta de Jeremías, Esdras 1 y 2, y Macabeos 1 y 2, están incluidos en la Septuaginta pero no en la Biblia hebrea. La Septuaginta también abandonó la división en tres partes de la Biblia hebrea en Ley, Profetas y Escrituras; hay marcadas diferencias en el orden en que se ubican los libros.

La Septuaginta tuvo una fuerte influencia en el cristianismo incipiente. Como era la principal forma de la Biblia para las comunidades judías que hablaban griego, también fue utilizada por la mayoría de las comunidades cristianas primitivas. Cuando las escrituras judías se citan en el Nuevo Testamento, casi invariablemente se hace a partir de la Septuaginta.

El canon hebreo

Es importante distinguir entre la verdadera escritura de los libros en la Biblia judía y su consecuente aceptación como escritura. Muchos libros pasaron bastante tiempo entre estas dos etapas; aunque algunos fueron aceptados con más rapidez, otros fueron puestos en duda hasta el final.

La supremacía del Pentateuco, los libros de la Torá, para la fe judía fue reconocida en el tiempo de Ezrá en el siglo V a.e.c., cuando muchos judíos regresaron a Israel de su exilio en Babilonia. Algún tiempo después de esto, los libros de los Profetas, incluyendo el de Josué y los libros de historia, fueron ampliamente aceptados, aunque los samaritanos, un ramal despreciado del judaísmo, no los aceptaban. Los samaritanos sólo aceptaban los libros de la Ley como válidos.

No fue sino hasta el primer siglo e.c. cuando las Escrituras, compuestas por 11 libros en hebreo, fueron aceptadas finalmente como la Escritura, aunque esta sección de la Biblia judía siempre se ha visto como supeditada a la Torá y a los Profetas. La autenticidad de las Escrituras todavía estaba en duda cuando se debatió con los rabinos en los primeros siglos e.c. También se debatió sobre otros libros de manera vigorosa durante algún tiempo —no más que el libro de Ezequiel— pero ninguno de ellos fue eliminado de la lista definitiva.

La decisión

Muchos factores contribuyeron a que ciertos libros se consideran parte de las Escrituras:

◆ la tradición de que un libro podía rastrearse hasta tiempos de Moisés, los libros del Pentateuco fueron llamados "libros de Moisés",

Los rabinos de Jamnia

Los rabinos que enseñaban en Jamnia alrededor del 90 e.c. son reconocidos como los responsables de la decisión definitiva de incluir los libros que componen la Biblia hebrea. Excluyeron aquellos libros que habían sido escritos en griego y eran leídos por los judíos que hablaban este idioma. Estos libros excluidos se conocían como apócrifos. Cabe señalar que la breve epístola de Judas en el Nuevo Testamento, cita del libro apócrifo de Enoc 1 como si estuviera citando de las escrituras hebreas.

Desde el siglo IV e.c., "canon", de la palabra griega que significa "regla", se usó para referirse a los libros que la comunidad judía (y después la iglesia cristiana) aceptaba como autoridad. Se convirtieron en la medida por la que podía juzgarse la verdad y el error.

Ezrá escribe de memoria los libros sagrados en el 458 a.e.c. Del *Códice Amiatinus* siglo VII.

- si se vinculaba con un profeta judío reconocido,
- si llevaba una nota clara de autoridad espiritual,
- si el libro se guardaba en el templo de Jerusalén y por lo tanto, se consideraba sagrado.

Además de todo esto, estaba la opinión de maestros y líderes religiosos respetados.

Los rollos del Mar muerto

Son los documentos descubiertos accidentalmente en una cueva a orillas del Mar muerto en 1947. Son el descubrimiento arqueológico bíblico más importante del siglo XX.

Los rollos del Mar muerto son manuscritos o fragmentos de manuscritos, que se piensa eran parte de la biblioteca de la estricta y ascética comunidad judía conocida como los esenios, con sede en Qumrán, quienes enterraron los manuscritos antes de que fueran arrasados por los romanos en el 68 e.c. Los esenios fueron aniquilados. El hallazgo contiene la evidencia más antigua conocida de cada libro de las escrituras hebreas, sin contar el libro de Ester. El descubrimiento también reveló manuscritos de reglas para la vida comunitaria, muchos textos legales y místicos antes desconocidos, y libros judíos que no están incluidos en las Escrituras.

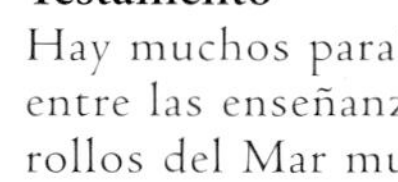

Una de las cuevas cercana al sitio de Qumrán donde se encontraron los rollos del Mar muerto.

Nexos con el Nuevo Testamento

Hay muchos paralelismos entre las enseñanzas de los rollos del Mar muerto y las del Nuevo Testamento. Esto es importante ya que se pensaba que muchas tenían un origen griego, pero sus antecedentes son más bien judíos. El contraste entre la luz y la oscuridad, por ejemplo, característica del Evangelio de Juan, se encuentra en los rollos. También está la idea cristiana del templo o iglesia como comunidad de personas más que como edificio. Los rollos también se centran en un futuro en el que el mesías, descendiente del rey David, lleva a su pueblo a la victoria, predica buenas nuevas a los pobres y levanta a los muertos; una imagen que se asemeja a la misión de Jesús.

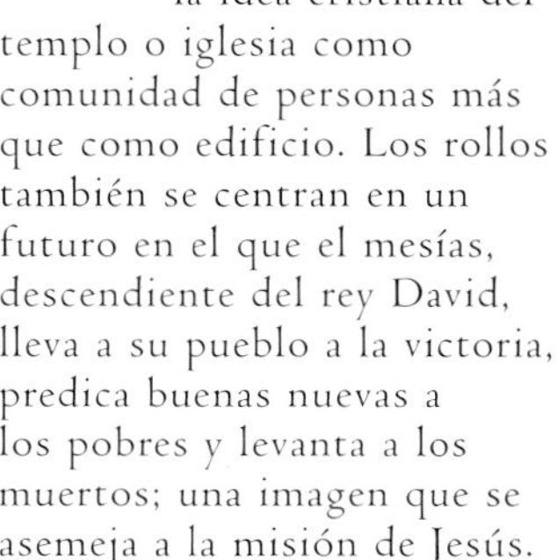

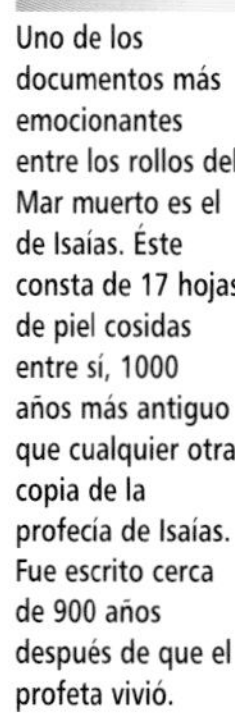

Uno de los documentos más emocionantes entre los rollos del Mar muerto es el de Isaías. Éste consta de 17 hojas de piel cosidas entre sí, 1000 años más antiguo que cualquier otra copia de la profecía de Isaías. Fue escrito cerca de 900 años después de que el profeta vivió.

El Pergamino del Templo de Qumrán.

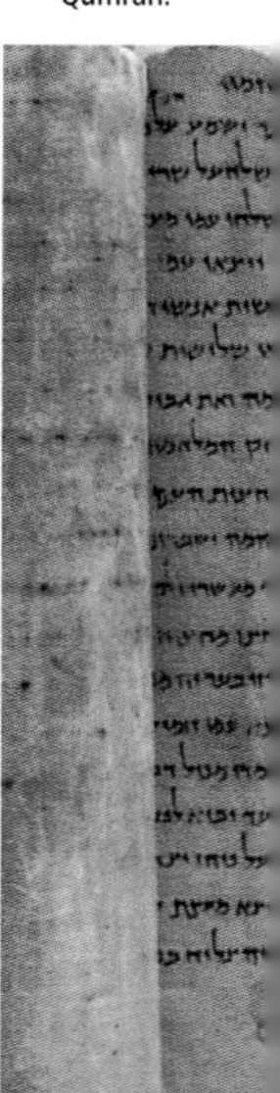

¿DOS MESÍAS?

El líder de la comunidad de Qumrán era conocido como el "maestro de la rectitud" y entró en correspondencia con sacerdotes del templo de Jerusalén. Bajo su dirección, la comunidad "Hijos de luz" esperaba la llegada del mesías, una expectativa común entre los judíos. Sin embargo, los esenios de Qumrán, a diferencia de otros judíos, anticipaban la llegada de dos mesías: el mesías de Aarón, un sacerdote que restauraría el verdadero templo de Jerusalén, y el mesías de Israel, un rey honesto, que liberaría a la nación de sus enemigos. En la creencia ortodoxa judía estas dos funciones se combinaban en la misma persona, como en la iglesia cristiana primitiva que creía que Jesús era el anunciado mesías.

Algunos estudiosos piensan que Juan el Bautista puede haber sido miembro de la comunidad de Qumrán. Algunos sugieren que el mismo Jesús era esenio, señalando que, de vez en cuando, alentaba a sus seguidores a seguir los valores espirituales esenios de la autonegación, el pacifismo, el rechazo a la riqueza y la propiedad compartida. Sin embargo, las diferencias entre las enseñanzas de los esenios, Jesús y la iglesia primitiva son igualmente significativas.

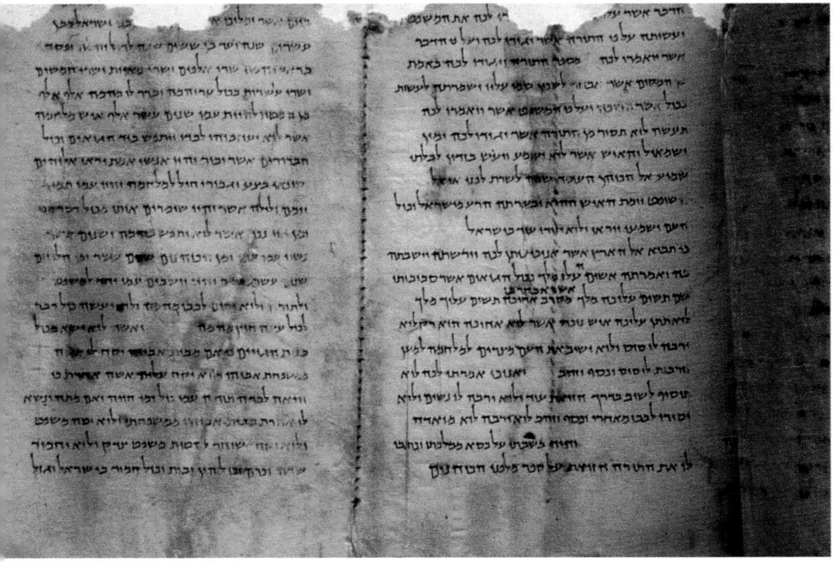

De boca en boca

La tradición oral es el material histórico transmitido de boca en boca de una generación a otra. El Antiguo Testamento se transmitió así por más tiempo que el Nuevo.

Jesús, como muchos de los rabinos judíos de su tiempo, dependía exclusivamente de la enseñanza oral para comunicar su mensaje. Las enseñanzas de Jesús y de gran parte de la Iglesia incipiente, se hacían de boca en boca, en arameo y griego, la lengua franca del momento. Las personas escuchaban atentas y confiaban lo aprendido a su entrenada memoria. No han llegado a nosotros escrituras cristianas primitivas en arameo y es difícil que haya existido alguna. Cuando las enseñanzas de Jesús fueron escritas por primera vez, ya habían sido traducidas del arameo al griego.

> *La proclamación del Nuevo Testamento debe ser por la palabra hablada, públicamente y en tono animado, divulgada y escuchada en la prédica, antes fue escondida en las letras y en evidente encubrimiento. Cristo mismo, como Moisés, no escribió sus enseñanzas, pero las impulsó con la palabra hablada y ordenó que fuera dicha oralmente.*
>
> MARTIN LUTERO (1485–1546), MONJE Y TEÓLOGO ALEMÁN. LÍDER DE LA REFORMA PROTESTANTE.

Tradición oral

La tradición oral tiene un gran reconocimiento. En el antiguo Israel, fragmentos de poesía, historias y leyendas sobre héroes y odas circulaban entre la gente mucho antes de que fueran escritos. Los relatos de eventos importantes tales como el éxodo y los andares errantes, se transmitían de una generación a otra agregando ornamentos y adaptaciones. De esta manera, se conservaba la tradición y se le agregaba frescura y creatividad. Fue hasta el siglo X a.e.c. cuando surgió la necesidad de conservar la tradición escribiendo los relatos.

El Nuevo Testamento tuvo un periodo similar, pero mucho

más corto, durante el que las historias sobre Jesús y los primeros cristianos se transmitieron de una persona a otra y de un grupo a otro, según dictaban las necesidades de predicación, enseñanza y controversia. Como consecuencia, mucho material que no era necesario o usado,

Durante muchos siglos, los únicos medios de transmisión de la información a una comunidad iletrada era hacerlo de boca en boca. *El contador de historias árabe*, de Emile Jean Horace Vernet (1789-1863).

simplemente perecía. El material que sobrevivió pasó por las modificaciones y reinterpretaciones que parecieron pertinentes. El límite de este proceso era marcado por la retentiva de las memorias de la gente que asistía a los eventos y enseñanzas originales.

Durante este tiempo, parece que cierto material fue escrito antes de los registros que tenemos en los Evangelios. Los proverbios de Jesús probablemente fueron compilados y usados por los primeros cristianos y también por los autores de los Evangelios, aunque no es fácil saber a ciencia cierta si estas tradiciones eran orales o escritas. Mateo y Lucas, por ejemplo, registran parábolas y proverbios más breves de Jesús en sus Evangelios, que muy bien pueden haber sido tomados de registros escritos. El material que comparten Mateo y Lucas, pero que no está incluido en el Evangelio de Marcos, al parecer proviene de una fuente hipotética que llaman "Q". De cualquier modo, Marcos compiló su apasionada narración de Jesús con gran cuidado. La inicia con un intenso recuento de los viajes de Jesús, los conflictos, la elección de los discípulos, los milagros y las parábolas. Marcos también interpretó y proclamó el advenimiento del reino de Dios, por lo cual se cree que debe haber tenido acceso a sus propias fuentes, ya sean orales, ya sean escritas.

El Nuevo Testamento

Requirió de mucho tiempo que la Iglesia cristiana decidiera qué libros debían ser incluidos en el Nuevo Testamento. Aunque el canon había sido establecido alrededor del siglo IV, aún fue un asunto de debate durante algunas décadas más.

Había varios pasos previos al reconocimiento final de los libros que deberían incluirse en el Nuevo Testamento.

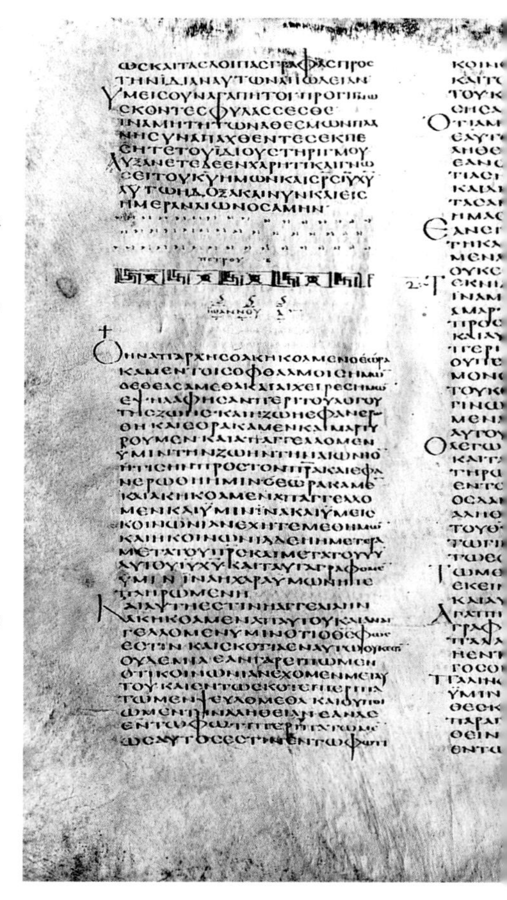

Etapa uno

Las epístolas enviadas por los apóstoles a las diversas iglesias a mediados del primer siglo se recopilaron y se difundieron ampliamente; las cartas de Pablo se reunieron por separado. Es posible que la epístola a los efesios haya sido la introducción editorial a la colección de sus epístolas, pues resume las enseñanzas más importantes de Pablo.

Etapa dos

Las tradiciones orales sobre Jesús fueron altamente valoradas y, en su momento, muchas de ellas fueron incluidas en los cuatro Evangelios. Con frecuencia, estos trabajos eran citados desde mediados del segundo siglo en adelante, indicando su significado para la comunidad cristiana. Por esta época, los cristianos usaron

El Códice alejandrino es una de las copias más antiguas de la Biblia. Escrito en griego, data de entre el año 400 y el 450 e.c.

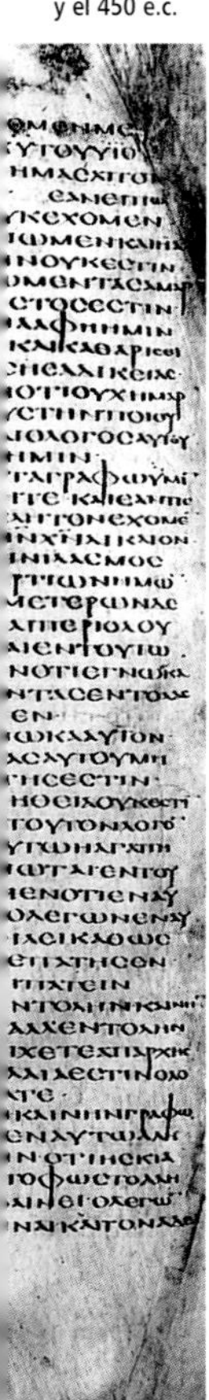

códices, los cuales tuvieron influencia en el último canon: los cuatro Evangelios fueron reunidos en un sólo códice.

Etapa tres

El Nuevo Testamento publicado en el año 140 e.c. por Marción, un herético reconocido, contenía la mayor parte del Evangelio de Lucas y 10 epístolas de Pablo, a diferencia de otra colección más amplia de libros que ya circulaba en la iglesia. Cuarenta años después, Irenaco, líder de la iglesia, mencionó la mayoría de los últimos libros del Nuevo Testamento y les confirió una autoridad similar a la de los libros en las escrituras judías.

Etapa cuatro

La lista de libros en el Fragmento muratoriano (cerca del año 190 e.c.) incluía cuatro Evangelios, los Hechos de los apóstoles, las 13 epístolas de Pablo, las cartas de Juan y Judas y el Apocalipsis, pero omitía los hebreos, Santiago y las dos epístolas de Pedro. Clemente de Alejandría (murió en 215 e.c.) incluía Hebreos, y Eusebio (murió en 340 e.c.) dudaba del valor del Apocalipsis. Atanasio, líder de la iglesia occidental, hizo una lista de 27 libros incluidos luego en el Nuevo Testamento, fue aceptada como válida por su iglesia, como lo fue años después para la Iglesia occidental. Este asunto se resolvió en 397 en el Concilio de Cártago que decretó prohibida en el culto público la lectura de cualquier otro libro que no estuviera incluido en los 27 del canon.

La decisión final

El establecimiento de un canon autorizado fue la principal defensa de la Iglesia contra los puntos de vista persuasivos de los herejes. Entre los criterios para decidir los libros canónicos, están:

- autoría de un apóstol,
- que el autor del libro haya sido testigo de Jesucristo,
- acuerdo entre las iglesias sobre el valor espiritual del libro.

Durante la Reforma, Martin Lutero tradujo al alemán los libros del Antiguo y del Nuevo Testamento y relegó en un apéndice los libros de la Apócrifa junto con Judas, Santiago, Hebreos y el Apocalipsis. Hecho que no continuaron las modernas iglesias luteranas.

Traducción de las Escrituras

Después de las traducciones iniciales de la Biblia al griego y al latín, el siglo XVI vio el inicio del trabajo de traducción a los principales idiomas de Europa.

Cada traducción de la Biblia es una interpretación. No hay un solo manuscrito original al cual puedan recurrir los traductores. Incluso los textos más antiguos disponibles, con frecuencia permiten varias traducciones posibles de algunas palabras; frases o pasajes. Los especialistas están abriendo continuamente nuevas posibilidades. Los traductores siempre necesitan hacer juicios con base en la evidencia disponible. Por esta razón hay tantas traducciones diferentes.

Las primeras traducciones

Mucho antes de que el Antiguo y el Nuevo Testamento estuvieran conformados, se habían hecho traducciones a otras lenguas. Las más importantes eran la Septuaginta (del hebreo al griego), la Peshitta (del hebreo al sirio) y la Vulgata (del hebreo al latín). Los Targums eran traducciones del hebreo al arameo.

Traducciones al inglés

Las traducciones de la Biblia al inglés deben mucho al trabajo de William Tyndale (1494-1536). La competencia entre la Biblia de los obispos y la Biblia de Ginebra llevó al Rey Santiago I a comisionar la versión autorizada de la Biblia, la cual apareció en 1611. La versión corregida en 1881, intentaba actualizar la versión autorizada y la versión

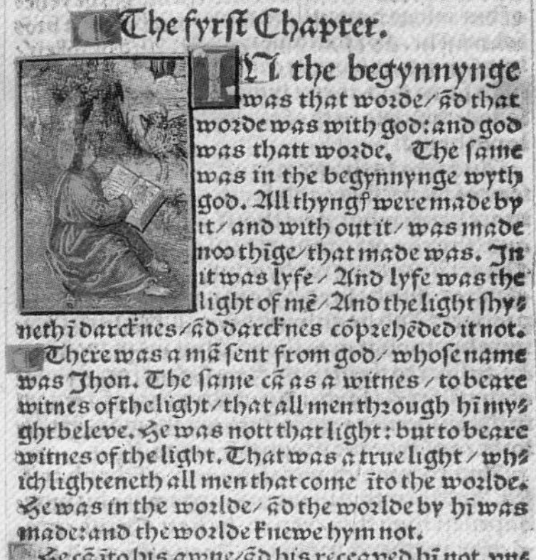

The Gospell off
Sancte Jhon.
The fyrst Chapter.

In the begynnynge was that worde / ād that worde was with god: and god was thatt worde. The same was in the begynnynge wyth god. All thyngs were made by it / and with out it / was made noo thīge / that made was. In it was lyfe / And lyfe was the light of mē / And the light shyneth ī darcknes / ād darcknes cōprehēded it not.
There was a mā sent from god / whose name was Jhon. The same cā as a witnes / to beare witnes of the light / that all men thrugh hī myght beleve. He was nott that light: but to beare witnes of the light. That was a true light / which lighteneth all men that come ĩto the worlde. He was in the worlde / ād the worlde by hī was made: and the worlde knewe hym not.
He cā ĩto his awne / ād his receaved hī not. vnto as meny as receaved hī / gave he power to be the sōnes of god: ĩ that they beleved ō his name: which were borne not of bloude nor of the will of the fleshe / nor yet of the will of men: but of god.
And that worde was made fleshe / and dwelt amonge vs / and we sawe the glory off yt / as the glory off the only begotten sonne off the father /

Una edición del Nuevo Testamento de William Tyndale, que muestra la carátula del Evangelio de Juan con una ilustración del evangelista escribiendo. Impresa en Worms por Peter Schoeffer (entre 1525-1526).

Mientras algunas personas piensan que las traducciones causan divisiones en la fe, esto no es así, pues nunca antes estuvo mejor la congregación de Dios que hoy, cuando casi cada Iglesia tiene traducciones diversas. Si Dios no hubiera sido abandonado después del tiempo de San Agustín, entonces nunca habríamos llegado a semejante ceguera e ignorancia, a tales errores y desilusiones.

MILES COVERDALE (1488-1568)
TRADUCTOR INGLÉS DE LA BIBLIA

estándar; revisada en 1952 eliminó ciertos arcaísmos. La Biblia de Jerusalén, para el uso de los católicos romanos, se publicó en 1966, mientras que la nueva Biblia inglesa, publicada por primera vez en 1961, fue conocida como la Biblia Inglesa Revisada (1976) y, junto con la Nueva Versión Internacional (1978), resultaron ser extremadamente populares entre los lectores evangélicos.

Otras traducciones

Para el año 1500, la Biblia había sido impresa en cuatro idiomas además del hebreo y el griego: alemán, italiano, catalán y checo. En 1526 se publicó la primera Biblia flamenca completa, seguida por su traducción, años después, al suizo. En 1551 se hizo la primera traducción protestante de la Biblia al italiano, aunque en 1564 el Papa Pío IV prohibió el uso de las Escrituras en su forma vernácula, lo cual impidió toda traducción hasta el año 1757.

La primera Biblia impresa en francés fue publicada en 1530 y una nueva traducción, con capítulos y versículos en su lugar, salió a la luz en 1553. La Biblia definitiva de Ginebra en francés se editó en 1588 y fue la base de muchas revisiones consecutivas. La primera Biblia católica francesa, publicada en 1550, también fue sometida a varias revisiones. La primera Biblia española completa, conocida como la Biblia del oso fue publicada en 1569. Aunque el Nuevo Testamento se imprimió por primera vez en portugués en 1681, un Antiguo Testamento portugués siguió inédito hasta 1751.

En Asia se publicaron varias traducciones de la Biblia después del movimiento misionero del siglo XIX. En India hay versiones de la Biblia, o parte de ella, en casi los 150 idiomas o dialectos que ahí se hablan. En Indonesia, la Biblia existe en 74 idiomas o dialectos, proceso que se inició con la Biblia completa en javanés en 1854. La mayoría de los idiomas de las Filipinas contaban con la Biblia completa a finales de la primera mitad del siglo XX. La primera Biblia en chino se publicó en 1823.

La Biblia y la Reforma

La Biblia se encontraba en el centro de la Reforma protestante y aunque había acuerdo en torno a ella entre los líderes del movimiento protestante, también había serios desacuerdos.

La Reforma es el movimiento religioso de los siglos XV y XVI que dio origen a las iglesias protestantes europeas, en especial a la Iglesia luterana y a la reformista/presbiteriana. Los principales reformadores, Martin Lutero, Juan Calvino y Ulrich Zwingli, coincidían en el papel de la Biblia, palabra de Dios, aunque había diferencias en cuanto a las interpretaciones.

Ulrich Zwingli, el reformista que se enfrentó a Martin Lutero en cuanto a la interpretación de los textos al servicio de la comunión.

Áreas de acuerdo

Durante la Reforma, la prédica y exposición de la enseñanzas de la Biblia iban de mano en mano. Una placa en la catedral de San Pedro en Ginebra honra a Juan Calvino como "el siervo de la palabra de Dios". En pleno ejercicio de sus poderes, Calvino predicaba un promedio de cinco sermones a la semana en la ciudad, así como conferencias frecuentes que se publicaron después en latín. Del mismo modo, Lutero estaba comprometido totalmente con predicar y enseñar la Biblia.

Los reformistas acordaron que la Apócrifa no era parte de las Escrituras y Lutero también rechazó la epístola de Santiago desde el canon interno de la Escritura, puesto que carecía de "referencia explícita a Cristo". Asimismo enseñaban que la Escritura fue inspirada en sus lenguas originales en hebreo y griego y todas las creencias y tradiciones cristianas debían estar bajo su autoridad. Al mismo tiempo, era fundamental para sus enseñanzas que las Escrituras estuvieran disponibles en su forma vernácula y popular para que cualquier persona las pudiera leer.

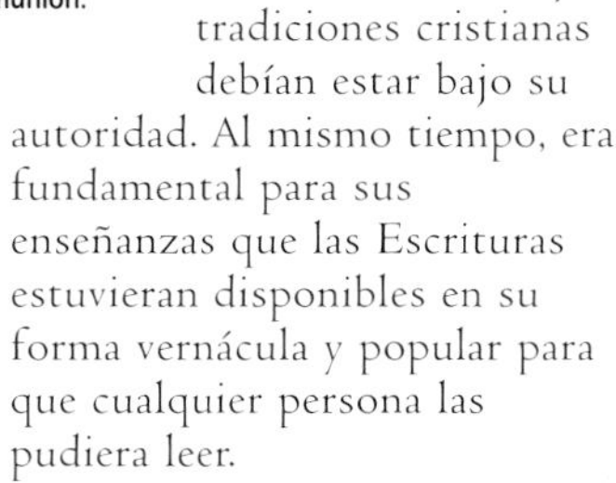

Áreas de desacuerdo

Un serio desacuerdo entre Lutero y Zwingli en cuanto a la comunión, surgió en Marburg en 1529. Se relacionaba con el significado de las palabras "Éste es mi cuerpo". ¿Debían tomarse literalmente, como insistía Lutero, o simbólicamente, como pensaba Zwingli? Este desacuerdo era más que una pequeña molestia, Zwingli había señalado, en *La claridad y certidumbre de la palabra de Dios*, que las Escrituras contenían su propia claridad; el altercado debilitaba su argumento.

La Biblia fue central en la teología de Lutero, siendo más importante para él que las tradiciones de la iglesia *Retrato de Lutero*. Lucas Cranach (1472-1553)

> *Todo lo que he hecho es mostrar, predicar y escribir la Palabra de Dios, y aparte de esto no he hecho otra cosa. Mientras estaba dormido o bebía cerveza Wittenburg... es la Palabra la que ha hecho grandes cosas... Yo no he hecho nada; la Palabra ha hecho y logrado todo.*
>
> MARTIN LUTERO (1485-1546), MONJE Y TEÓLOGO ALEMÁN, Y LÍDER DE LA REFORMA PROTESTANTE

Los reformistas tenían también sus objeciones. Lutero fue mucho más agudo que Calvino para encontrar las enseñanzas del Nuevo Testamento sobre Cristo, la Trinidad y la Iglesia que se señalaban ya en el Antiguo Testamento. Calvino veía la Ley del Antiguo Testamento como valiosa intrínsecamente y como parte de la revelación de Dios; Lutero creía que su única función real era advertir acerca del pecado a la gente, resaltando la gracia del Evangelio que Jesús vino a dar.

Críticas a la Biblia

Son los exámenes de los libros de la Biblia utilizando herramientas de la investigación histórica, arqueológica, paleontológica y lingüística. Sostienen que la Biblia es una colección de libros de diferentes tipos y escritos con varios propósitos por escritores conocidos y desconocidos. La crítica de la Biblia utiliza las herramientas disponibles para aclarar lo que trataban de comunicar los autores originales.

Aunque con frecuencia se presenta bajo una luz negativa, la crítica de la Biblia es una actividad necesaria.

El Antiguo Testamento

El crítico de la Biblia se enfrenta a cuestiones como autoría, fecha de escritura, aportaciones al texto de editores posteriores y tendencias doctrinales, así como a influencias que puedan ser advertidas en el texto. Los primeros críticos de la Biblia del siglo XVII, eran académicos católicos romanos como Jean Astruz, quien se percató de que el libro del Génesis era una compilación de varios documentos anteriores en vez de ser un solo libro. El enfoque crítico clásico hacia el Antiguo Testamento se estableció en el siglo XIX por Graf y Wellhausen cuando demostraron que los libros del Pentateuco no pudieron haber sido escritos por Moisés, como

> *La crítica a la Biblia ha comprobado ser un dinámico campo de estudio. Siguen apareciendo nuevos enfoques y perspectivas... Sólo se puede hacer un trabajo serio sobre las Escrituras en continuidad con la tradición de la crítica a la Biblia.*
>
> JAMES BARR, PROTESTANTE ESTUDIOSO DEL ANTIGUO TESTAMENTO

Charles Darwin (1809-1892), cuya teoría de la evolución representa un reto para la creación divina señalada en la Biblia. Fotografía de Julia Margaret Cameron (1815-1879).

se suponía. Al mismo tiempo, la arqueología demostraba que había semejanzas entre la religión de los israelitas y las de otras culturas; y Charles Darwin desarrollaba la teoría de la evolución que muchos tomaron para demostrar que la creación divina y la evolución biológica eran incompatibles.

Los descubrimientos de los arqueólogos han contribuido a nuestra comprensión del contexto histórico y cultural de la Biblia. Excavación de la Basílica de San Pacomio sobre los bancos del Alto Nilo.

Crítica de fuentes

Después siguió una investigación similar del Nuevo Testamento, especialmente de los Evangelios. Todos podían ver que los Evangelios sinópticos tenían mucho material en común, Pero ¿cómo ocurrió esto? ¿Quién copió a quién? ¿Hubo una fuente en común? Examinar las relaciones entre ellos se llegó a conocer como crítica de fuentes.

La crítica reciente tiende a concentrarse en la Biblia como literatura. En lugar de tratar de reconstruir el desarrollo histórico del texto, se hace énfasis en los estilos y las técnicas narrativas del texto. La Biblia debe ser comprendida por lo que hay en el texto, no por lo que está fuera del mismo.

Crítica de la forma

Entre los años 1920 y 1930 varios estudiosos alemanes se frustraban cada vez más con la crítica de la fuente y buscaron descubrir cómo había sido conformado el material en los años en que éste circulaba de boca en boca en la primitiva comunidad cristiana. Se sugería que las parábolas y los milagros en particular, surgieron en un ambiente específico (el *Sitz im Leben*), un tipo de 'forma' que seguía patrones que podían deducirse del material que tenemos hoy en los Evangelios. Este enfoque se llegó a conocer como crítica de la forma.

El judaísmo y el cristianismo son religiones que comparten una porción sustancial de las Escrituras, pero sus nociones son diferentes.

Los judíos creen que sus Escrituras fueron inspiradas por Dios; son los primeros cinco libros, la Torá o el Pentateuco, la base de su fe. El día del šabat es un don de Dios por el que los judíos están eternamente agradecidos, la Torá es el don supremo de Dios para su pueblo. La *mišná*, comentario rabínico sobre ella, señala que todo el mundo está en deuda con quien estudia la Torá. Los profetas y las Escrituras se combinan con la Torá y forman las Escrituras judías.

Los cristianos piensan que la relevancia del Antiguo Testamento no reside tanto en su valor intrínseco, como creen los judíos, sino en que anuncia la llegada de Jesús. Este evento, conocido por los cristianos como la encarnación, se explora en los cuatro

Murales con escenas del Antiguo Testamento decoran las paredes de una sinagoga de Dura Europus, Siria. ca. 200

Evangelios y es la base de los Hechos de los apóstoles y cartas reunidas en el Nuevo Testamento. Los libros del Nuevo Testamento son una exploración del dogma central de la fe cristiana: Dios vino al mundo en la forma de Jesús de Nazaret, vivió en la Tierra, fue crucificado y resucitó de entre los muertos.

> *En la Biblia he encontrado palabras para mis más íntimos pensamientos, canciones para mi júbilo, lenguaje para expresar mis penas más profundas y plegarias para mi vergüenza y debilidad.*
>
> SAMUEL TAYLOR COLERIDGE (1772-1834), POETA Y CRÍTICO LITERARIO INGLÉS

SOBRE LA BIBLIA

Contenido

Los cinco libros de Moisés

La Torá, los primeros cinco libros de la Biblia, es altamente apreciada entre la comunidad judía porque describe la actividad creadora de Dios en el mundo, los orígenes del pueblo judío y la entrega de la preciosa Ley en el monte Sinaí.

Se creía que la Torá, o *Chumash* ("cinco" en hebreo) había sido escrita por Moisés. Los judíos lo veían como su más grande profeta. Estos libros eran conocidos como el Pentateuco, de la palabra griega que significa cinco libros.

Génesis

La palabra griega génesis y su equivalente hebreo *berēšīt* significa "comienzos". Originalmente, el Génesis fue llamado Libro de la creación porque inicia con un recuento de la creación del universo. También contiene historias sobre el primer hombre y la primera mujer; Noé y el diluvio universal, así como el comienzo de la nación judía, desde Abraham y Sara hasta José y su familia en Egipto.

> *Quien estudia la Torá para aprender y cumplir la voluntad de Dios logra muchos méritos, y no sólo eso, sino que el mundo entero queda en deuda con él. Es amado como hermano, amante de Dios y de sus semejantes.*
>
> EL MIŠNÁ

Ilustración del arca de Noé tomada del manuscrito Cadmio. Canterbury cerca del año 1000.

Moisés

Una antigua historia judía narra cómo Moisés, un pastor, se percató de que un joven borrego faltaba en su rebaño. Empezó a buscarlo y al cabo de un rato lo encontró, cansado y sediento. Le dio agua y lo llevó de vuelta al rebaño. Dios vio esto y dijo: "Si este hombre puede mostrar tanto amor por una pequeña criatura, merece ser líder de mi rebaño, el pueblo de Israel, pues les prodigará la misma bondad y amor."

Éxodo

El segundo libro en la Torá, *šemōt*, que significa "nombres" en hebreo, se conoció originalmente como Libro de la salida de Egipto. Cuenta la historia de la esclavitud del pueblo judío en Egipto así como su liberación final gracias a Moisés y Josué.

Levítico

El tercer libro de la Torá, *wayyiqrā*, que significa "él llamó" en hebreo, fue conocido como Ley de los sacerdotes, pues contiene las leyes sobre los sacrificios de animales. Sin embargo, su principal tema es la santidad; se insta a los judíos a alcanzar la santidad porque Dios es santo.

Números

Este libro, *bammidbār*, que significa en hebreo "en el desierto", fue conocido como El quinto de la lista o de las reuniones, pues contiene un censo, una numeración de los judíos. También describe la función especial de los levitas, las muertes de Aarón y Miriam, la misión secreta de los espías y el profeta gentil, Balaam y su burro parlante.

Deuteronomio

El primer nombre para este libro fue la Repetición de la Torá, pues gran parte del libro repite lo ya dicho. Los diez mandamientos, por ejemplo, se registran en el Éxodo y se repiten en forma ligeramente distinta en el Deuteronomio. El libro termina con un mensaje de despedida y la bendición de Moisés antes de morir.

Lectura de la Torá

Cada semana en la sinagoga se lee una sección de la Torá a la congregación. El ciclo anual de las lecturas inicia con el Génesis y concluye con el Deuteronomio. Estos libros son populares entre los judíos porque cuentan historias de personas con experiencias y sentimientos similares a los suyos.

La escritura de la Torá

Tradicionalmente se creía que Moisés era el autor de los cinco libros de la Torá, ahora se sabe que no fue el único autor, sino que, probablemente, surgió de cuatro fuentes que después adoptaron la forma actual de los libros.

Los académicos consideraban que la repetición frecuente en los cinco libros hacía poco factible que se tratara de un solo autor. Además, cada una de estas reiteraciones tiene un vocabulario distinto, así como un estilo diferente, por ejemplo, utilizan variados nombres para Dios. A la luz de esta apabullante evidencia, los estudiosos llegaron al acuerdo de que la Torá es una amalgama de cuatro fuentes, enraizadas en el evento del éxodo que no fueron escritas sino muchos siglos después de la muerte de Moisés, probablemente cerca del año 350 a.e.c. Estudiemos con más detalle estas cuatro fuentes.

Yahvista (J)

Esta fuente le da a Dios el nombre de Yahvéh. La mayoría de las coloridas y dramáticas historias de la Torá provienen de J. El escritor está interesado en mostrar que Dios es accesible: en varios momentos es presentado como alfarero, jardinero, padre de familia, cirujano, sastre y juez. Yahvéh no tolera a los rivales, pero simpatiza con la debilidad humana. El optimismo de los pasajes de J sugiere que datan de los primeros días de la monarquía de Israel, cerca del año 950 a.e.c.

Elohista (E)

Esta fuente prefiere llamar a Dios "Elohim", plural de majestad y trascendencia. Cuando este Dios habla a los seres humanos, como descubrió Moisés, el suelo mismo se

Los levitas dijeron "Hoy es día consagrado a Yahvéh, vuestro Dios; no os entristezcáis ni lloréis", pues el pueblo lloraba oyendo la Ley. Y continuaron: "Id y comed manjares y bebed vinos dulces... enviar a los que no tengan nada, pues hoy es día consagrado al Señor; y no os aflijáis, porque la alegría de Yahvéh es vuestra fortaleza"... el pueblo comió, bebió y compartió dichoso, pues entendió estas palabras.

NEHEMÍAS 8:9-10, 12

vuelve santo y sagrado. Al principio, Elohim no podía ser expresado en idioma humano: cuando su nombre fue revelado por primera vez a Moisés, fue traducido como el "misterio

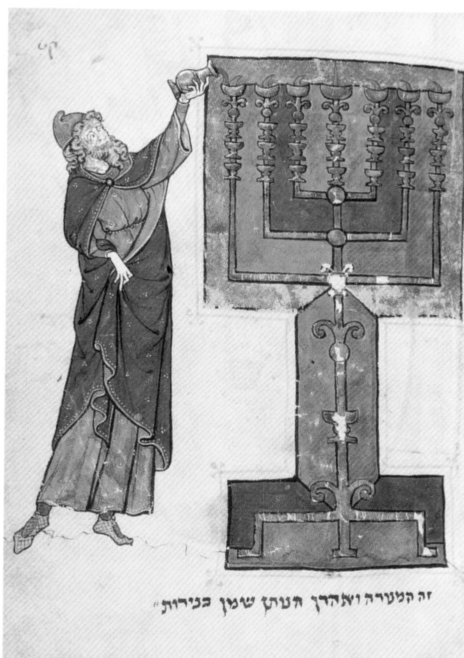

El alto sacerdote Aarón enciende el *menorah*, tomada de un manuscrito judío iluminado del Norte de Francia, de finales del siglo XIII.

inalcanzable". El tono pesimista encontrado en E sugiere que fue escrito por los profetas de principios del siglo IX y del siglo VIII a.e.c. y su lucha contra la intrusión idólatra en Israel.

Deuteronomista (D)

Esta fuente, casi exclusiva del libro Deuteronomio, contiene legislación sin historias. Aun así, D cuenta una historia de amor: Dios eligió a Israel por amor y así Israel debe amar en correspondencia a Dios, observando su Ley.
Para obedecer la Ley, los israelitas deben amar a Dios, a sus vecinos y amar a los extranjeros. La parte más significativa de la legislación en D es la restricción de adoración en Israel a un único santuario, mientras que en J y en E se permitían muchos. Esta fuente ha sido fechada cerca del año 700 a.e.c.

Sacerdotal (P)

La tradición sacerdotal se conoce así porque se refiere casi exclusivamente a la liturgia, el sacerdocio y el culto. Su tono es seco, frío y técnico. Narra la historia de Israel desde Adán en adelante, pero en términos de una comunidad unida a Dios a través de mediadores sucesivos: Adán, Noé y Abraham. El énfasis en el sacerdocio está en la santidad de Dios: "Sean santos, porque Yo, Yahvéh su Dios, soy santo".

Los primeros profetas

Los profetas forman la sección más amplia de las escrituras hebreas. La sección toma el nombre de los activistas políticos y religiosos que luchaban por hacer volver a la nación a su fe verdadera en Dios y está dividida en dos: los primeros profetas y los últimos profetas.

El primer rey de Israel fue Saúl, seguido por David y Salomón. El reinado de estos tres reyes se conoce como la monarquía unida. Después de la muerte de Salomón el reino se dividió en el reino sur de Judá y el reino norte de Israel. Judá estaba conformada sólo por las tribus de Benjamín y Judá; las 10 tribus restantes integraban Israel.

Los primeros profetas incluyen los libros de Josué, Jueces, Samuel 1 y 2, Reyes 1 y 2. Parece que estos son libros históricos que relatan los hechos del pueblo judío desde el éxodo de Egipto hasta el siglo VI a.e.c. cuando la nación de Israel fue arrasada por los babilonios y miles salieron exiliados. También leemos cómo, con el reinado de David y Salomón, Israel disfrutó de un breve periodo de estabilidad y expansión. Sin embargo, gran parte del relato describe cómo, después de la muerte de Salomón, se dividió el reino de Israel en dos reinos separados: Israel y Judá. Ambos lucharon por mantener su independencia, pero Israel sucumbió a Asiria en el año 722 a.e.c. y Judá fue dominada por Babilonia en 568 a.e.c.

Profecía y no historia

La Biblia cristiana puede tratar a los primeros profetas como historia, pero en la Biblia hebrea, de acuerdo con la tradición, estos libros se

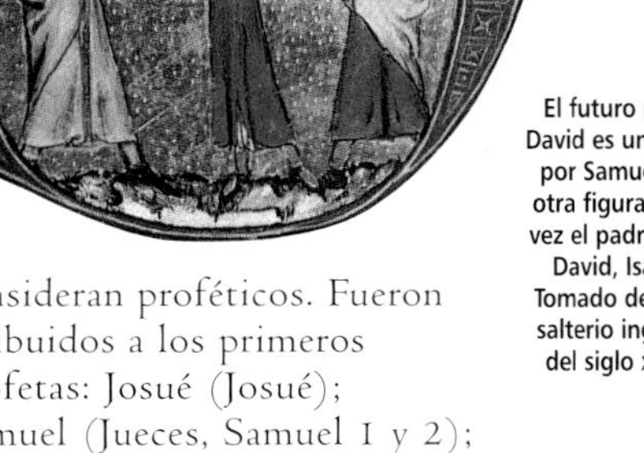

El futuro rey David es uncido por Samuel y otra figura, tal vez el padre de David, Isaí. Tomado de un salterio inglés del siglo XIV.

consideran proféticos. Fueron atribuidos a los primeros profetas: Josué (Josué); Samuel (Jueces, Samuel 1 y 2); y Jeremías (Reyes 1 y 2). Comparten las características proféticas y no sólo describen hechos históricos, sino buscan interpretarlos, pues ésta es la función

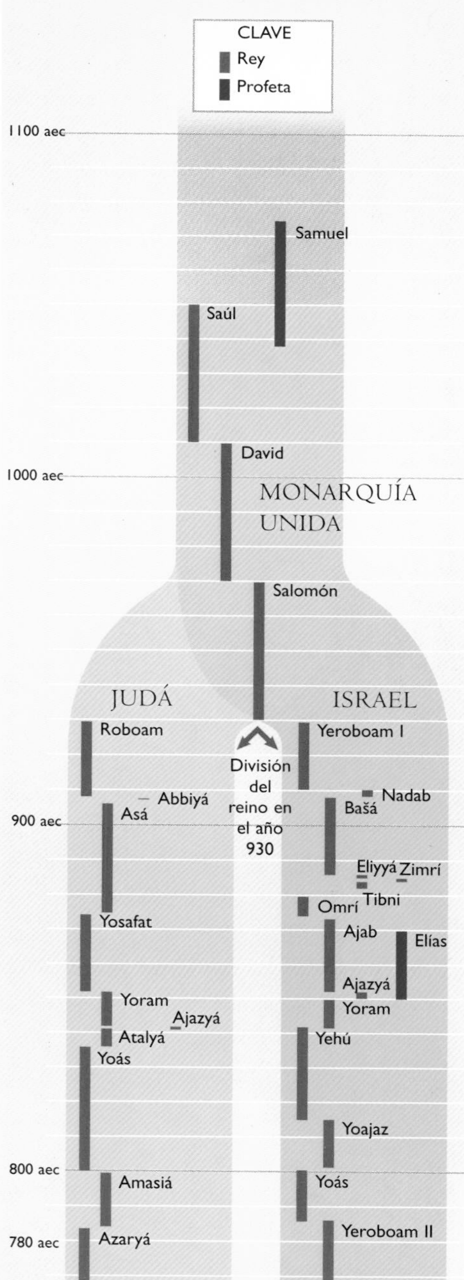

principal del profeta de cualquier sociedad.

Los escritores de estos libros buscaban centrar la atención del profeta en la historia contemporánea. Relataban eventos de la historia y la relación del pueblo con Dios: un pueblo elegido, llamado a ser diferente de los demás; próspero, siempre fiel y obediente del culto de acuerdo con los mandatos de Dios. Cuando desobedecían a Dios y se salían de los caminos del amor y la justicia, el pueblo sufría.

Gran parte de esta historia se centra en las actividades de los líderes de Israel, principalmente de sus reyes. Los buenos, como Yosías y David, guiaron al pueblo hacia la paz de Dios y a la prosperidad, mientras los reyes malvados, como Ajab, guiaron al pueblo al sufrimiento y a la derrota. Al discernir la voluntad de Dios es posible comprender la forma en que uno debe vivir. Éste es el mensaje de los primeros profetas.

Los profetas mayores

Los últimos profetas se dividieron naturalmente en dos partes: los profetas mayores y los profetas menores. Los últimos profetas circularon en un pergamino único y datan del periodo entre 750 y 350 a.e.c.

En sentido estricto, profeta es alguien cuyo nombre ha sido integrado a alguno de los libros proféticos del Antiguo Testamento. Existen tres profetas mayores en las Escrituras hebreas.

Isaías

Fue un profeta del siglo VIII a.e.c. Aunque algunas de las profecías del libro que llevan su nombre se deben al propio Isaías, el libro que lleva su nombre se cree fue escrito por tres autores, el último del siglo V a.e.c. Los primeros 39 capítulos son los más antiguos del libro y al parecer son obra de Isaías. Estos capítulos contienen

El profeta Isaías, por Simone Martini (1284-1344)

profecías políticas y espirituales en las cuales el autor prevé la caída de los reinos de Asiria y Babilonia y anuncia un futuro reino de paz bajo el mando del mesías. Los capítulos 40 a 55 son profecías de libertad del destierro babilonio y de la restauración de Sión, mientras los últimos capítulos contienen profecías espirituales.

Jeremías

Jeremías vivió al final del siglo VII a.e.c. Gran parte del libro de Jeremías fue obra suya, aunque otra puede deberse a la pluma de Baruc, el escribano del profeta, con agregados editoriales hechos por escribas posteriores. El ministerio de Jeremías duró casi 40 años, se extendió en cinco reinos y fue testigo de la caída de la ciudad de Jerusalén ante los babilonios en 586 a.e.c. Su personalidad —melancólica, depresiva, sensible y emocionalmente profunda— brilla con más fuerza a lo largo de su obra que en la de cualquier otro profeta.

Ezequiel

Se cree que Ezequiel fue el autor de casi todo el libro que lleva su nombre y que data del final del siglo VI a.e.c. Ezequiel estaba entre aquellos líderes judíos deportados a Babilonia después de la caída de Jerusalén en 586 a.e.c., y su mensaje profético estaba dirigido a los desterrados en Babilonia. Con cierta sorpresa, los estimulaba a establecerse y sentirse como en casa en su nueva ubicación. Aparte del mensaje del juicio y la necesidad de arrepentimiento, el libro destaca por su énfasis en el ritual y la descripción de las visiones del profeta. Éstas incluyen la famosa visión de huesos secos que Dios, milagrosamente, vuelve a la vida. Esto introduce un elemento de imaginería apocalíptica que no se encuentra en los demás profetas mayores.

Los profetas menores

También hay 12 de los llamados profetas menores en las Escrituras hebreas, sus libros aparecen al final del Antiguo Testamento de la Biblia cristiana. Estos profetas predicaban el mismo mensaje que Isaías, Jeremías y Ezequiel.

Los libros de los profetas menores fueron escritos entre los siglos VIII y IV a.e.c. Dan poca información biográfica y constan sobre todo de palabras de los profetas que les dan nombre.

De Oseas a Abdías

El libro de Oseas data de finales del siglo VIII a.e.c. y describe cómo Dios pidió a Oseas que se casara y fuera leal a su infiel esposa, Gómer. La experiencia del profeta es una alegoría del amor de Dios por un Israel pecador e idólatra. Probablemente el libro de Joel sea del siglo V a.e.c, y describe una gran plaga de langosta y la consiguiente destrucción que lleva a la creencia de que algún día Dios restaurará y bendecirá Israel.

La mayor parte del libro de Amós data del siglo VIII a.e.c. y describe la forma en que el juicio de Dios cae por igual sobre el pueblo judío y los gentiles. Amós está convencido de que los pecados mellizos de rituales religiosos vacíos y la opresión de los pobres por parte de los ricos son las razones por las que Israel está bajo el juicio divino. Abdías, el libro más breve de la Biblia, data del siglo V a.e.c. y describe la expectativa del profeta sobre la destrucción de Edom y la restauración de Sión.

Jonás emerge de la boca de la ballena, mientras Dios lo cuida. De un salterio inglés, cerca del año 1340.

De Jonás a Habacuc

La fecha y autoría del libro de Jonás son inciertas, pero es probable que haya sido escrito en el siglo VI o en el siglo V a.e.c. La historia de Jonás y su intento de escapar de sus responsabilidades proféticas,

El regirá a muchos pueblos y ejercerá la justicia hasta naciones lejanas. Forjarán de sus espadas azadores, y de sus lanzas, hoces; no alzará espada gente contra gente, ni se adiestrarán ya para la guerra. Cada cual se sentará bajo su parra y bajo su higuera y nadie los molestará, porque lo dice la boca de Yahvéh Sebaot!

MIQUEAS 4:3-4

El reino de Israel llegó a su fin en el 722 a.e.c., cuando los asirios saquearon Samaria y dispersaron a la población por todo su imperio. Judá sobrevivió hasta la conquista de Babilonia y la destrucción de Jerusalén en 586 a.e.c. A aquellos judíos desterrados se les permitió regresar a su tierra gracias al rey Ciro de Persia, en 539 a.e.c., después de que éste conquistó Babilonia.

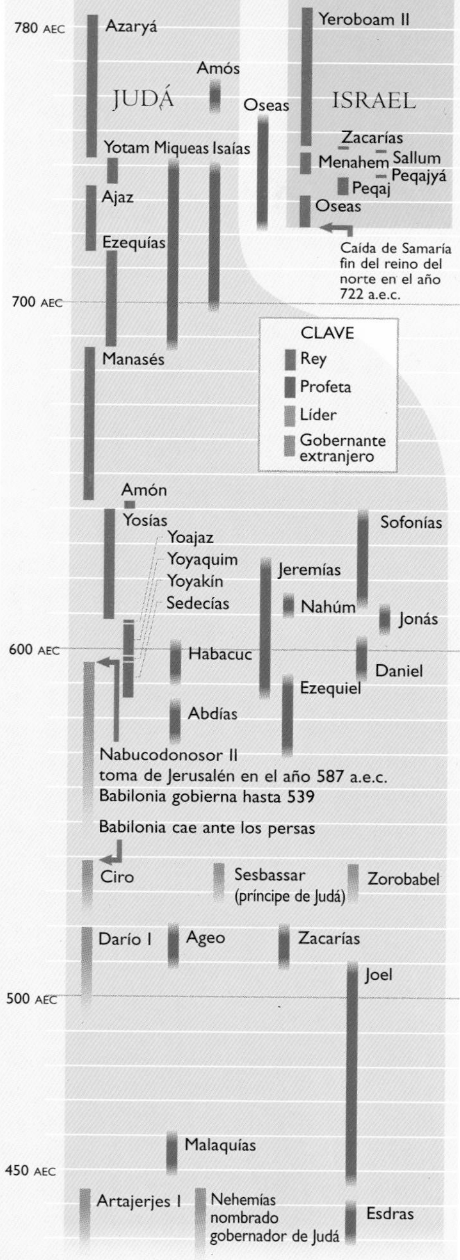

muestran el cuidado amoroso de Dios por todos, incluyendo la ciudad de Nínive. Miqueas fue un profeta más joven, contemporáneo de Isaías; condenaba a los gobernantes y sacerdotes corruptos y esperaba un tiempo de paz y prosperidad para Israel. Miqueas anunció la llegada del mesías desde Belén. En el libro de Na-Hab, del siglo VII a.e.c., la ciudad de Nínive es condenada por su idolatría, en tanto que en Habacuc, más o menos de la misma época, Dios señala que utilizará a los malvados caldeos para llevar a cabo su voluntad.

De Sofonías a Malaquías

En una obra apocalíptica, Sofonías profetiza el "día del Señor" en el cual el juicio divino caerá sobre Judá, Jerusalén y algunas otras naciones. Un remanente del pueblo de Jerusalén será salvado y se les permitirá regresar del destierro, un evento celebrado por Ageo, después en el siglo V. Gran parte de la profecía de Ageo, así como la de Zacarías, se relaciona con la tarea espiritual de la reconstrucción del Templo. Malaquías espera la llegada del "día del Señor" cuando Israel empiece a disfrutar de las bendiciones de Dios.

Las Escrituras

Las Escrituras, casi toda literatura poética y sabia, forman la sección final de las escrituras hebreas.

Los libros en las Escrituras fueron los últimos en redactarse en las escrituras hebreas. Debido a que algunas personas pensaban que unos libros carecían de inspiración divina, casi quedaron excluidos del canon de las Escrituras. Las Escrituras contienen los siguientes libros: Rut, Crónicas 1 y 2, Esdras, Nehemías, Esther, Job, Salmos, Proverbios, Eclesiastés, Cantar de los cantares, Lamentaciones y Daniel.

Libros de la sabiduría

En las escrituras judías, la sabiduría no es tanto un don intelectual, sino la capacidad para vivir la vida de forma satisfactoria. Sobre todo, esta sabiduría es un atributo de Dios quien creó el mundo y le confirió a Israel la Torá. Esta sabiduría por lo general es personificada por una mujer o una hermana.

Los libros de la sabiduría en el Antiguo Testamento incluyen Salmos, Proverbios, Job y Eclesiastés. La enseñanza de estos libros está restringida y es

Pero la sabiduría, ¿de dónde viene?
¿Dónde se halla la inteligencia?
Escapa a la vista de todo mortal,
se oculta a las aves del cielo.
Abaddón y la Muerte declaran:
Su fama llegó a nuestros oídos.
Su camino sólo Dios lo conoce,
El es quien sabe dónde se encuentra.

JOB 28:20–23

En algunos lugares los Salmos incluyen instrucciones a músicos y nombres de las canciones. Músicos con arpas, una doble flauta y tambores tomados de un relieve asirio.

Poesía hebrea

La poesía no sólo se encuentra en los libros de los Salmos, Cantar de los cantares y las Lamentaciones, sino también en muchos de los libros proféticos. La mayoría de la poesía hebrea utiliza el paralelismo: la segunda línea de una copla repite la idea de la primera, pero de una forma diferente. Algunas veces la primera línea habla positivamente, mientras la segunda es negativa. El libro de Job está escrito en forma de drama, mientras la poesía hebrea también usa adivinanzas, parábolas y acrósticos. En el Salmo 119, el más largo, cada verso o sección inicia con una letra distinta del alfabeto.

razonada, dependiendo más del sentido común que de la historia de Isarel. Debido a que Salomón tenía reputación de sabio, los Proverbios y el Eclesiastés se asociaban con su nombre aunque no hay nada más que los vincule con él. De hecho, parece que estas colecciones de proverbios sabios se reunieron por grupos capacitados en la cultura tradicional de la sabiduría, como ocurría con grupos similares en Egipto y otras naciones. Las marcadas diferencias entre los ricos y los pobres, los prósperos y los miserables, por todo el cercano Oriente condujo a reflexiones medulares sobre la vida, contenidas en la literatura de sabiduría.

Los dos libros de Job y el Eclesiastés tienen un contenido teológico más fuerte que la literatura de sabiduría. En el tiempo del destierro, las viejas estructuras de culto, la corte y el templo se desplomaron y es posible que estos libros se hayan reunido para llenar el vacío resultante. La literatura de sabiduría tenía una relevancia universal y una función práctica.

Apócrifos

La palabra apócrifo se toma del griego y significa cosas escondidas, se aplica a aquellos libros que se ubican entre el Antiguo y el Nuevo Testamento en muchas Biblias cristianas.

Aunque la colección de libros conocida como *Biblia apócrifa* no se incluye en el canon judío, algunos de los libros fueron incluidos en la Septuaginta y en la Vulgata de Jerónimo.

Esdras 1 y 2

El primero de estos libros hace un recuento paralelo de la historia registrada en los libros de las Crónicas, Esdras y Nehemías. El segundo describe siete visiones en las cuales Esdras cuestiona por qué el pueblo de Dios debe sufrir y se le dice que tales desquicios son incomprensibles para los seres humanos. Se le asegura a Esdras que la salvación está cerca y los judíos heredarán, al final, la Tierra.

Tobías

Esta historia tan fantástica ocurre durante el destierro en Babilonia y cuenta cómo un cautivo ciego es castigado por enterrar a los hebreos muertos, una responsabilidad espiritual solemne. Su hijo, Tobías, se enamora de su prima, cuyos siete esposos anteriores habían sido asesinados por el demonio Asmodeo. Tobías, ayudado por el arcángel Rafael, desafía al demonio y restituye la vista a su padre a través de un pez que había atrapado en el río Tigris.

Judit

Esta historia del siglo II a.e.c. es acerca de una hermosa viuda judía cuya ciudad había sido sitiada por las fuerzas de Nabucodonosor. Ella visita la tienda del general babilonio y le corta la cabeza cuando él cae en

No existe referencia en la literatura judía a los apócrifos como una colección de libros, aunque se hace una breve mención de "libros externos" (*Hishonim*), lo cual puede ser una referencia oblicua a los libros apócrifos.

La Biblia cristiana y la apócrifa

Los libros de la Biblia apócrifa en el canon son llamados libros deuterocanónicos ("de segundo nivel") por los católicos romanos para distinguirlos de los protocanónicos ("de primer nivel"). Sin embargo, son vistos como autoridad y se incluyen en el Antiguo Testamento. En la época de la Reforma de la Iglesia en Inglaterra se regresó al canon hebreo más breve pues se vieron trazas de la doctrina del purgatorio y la justificación por obras en los libros apócrifos.

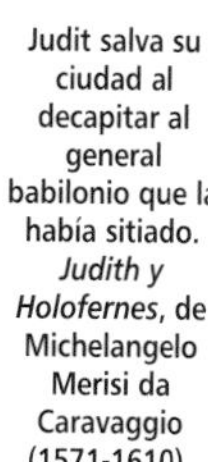

Judit salva su ciudad al decapitar al general babilonio que la había sitiado. *Judith y Holofernes*, de Michelangelo Merisi da Caravaggio (1571-1610).

un estupor alcohólico. La ciudad es salvada.

La sabiduría de Salomón

Este libro de autor anónimo alaba la sabiduría y exhorta a todos a buscarla. El libro habla de la historia judía y la forma en que este pueblo había sido ayudado en el pasado.

Eclesiastés

Contiene los proverbios de sabiduría de Josué Ben Sira, quien vivió en Jerusalén cerca del 180 a.e.c. El libro recomienda observar la Ley y mantener un piadoso temor de Dios. El Eclesiastés era bien visto tanto por los judíos como por los cristianos.

Baruc

Se supone que es obra de Baruc, el amanuense de Jeremías; empieza con una plegaria de confesión, pidiendo arrepentimiento y salvación. El recordatorio es un himno de alabanza de la sabiduría y un lamento por el destierro en Babilonia.

Macabeos 1 y 2

Estos libros se refieren a la historia ocurrida entre 175 y 134 a.e.c. y a la heroica familia de los Macabeos, en especial a Judas Macabeo. Describe las luchas contra el rey sirio Antíoco IV Epífanes.

Los cuatro Evangelios

No fueron los primeros libros escritos del Nuevo Testamento, pues los preceden todas las epístolas de Pablo; tampoco son biografías directas de Jesús. Fueron escritos para proclamar el mensaje de la Iglesia primigenia: el plan de Dios para el mundo y su salvación sería realizado a través de la vida, enseñanzas, muerte y resurrección de Jesús.

Los Evangelios de Mateo, Marcos y Lucas tienen muchas semejanzas y se conocen como Evangelios sinópticos. Los estudiosos del Nuevo Testamento han intentado revelar cómo se escribieron.

Mensaje de los Evangelios

Cada uno de los Evangelios es una interpretación, una imagen de Jesús y su mensaje. Mientras leemos los Evangelios vemos a Jesús a través de los ojos de los cuatro evangelistas: Mateo, Marcos, Lucas y Juan. Sin embargo, la imagen que muestran de Jesús es coherente y congruente: todos hablan de un carpintero de Galilea que se llamaba a sí mismo el hijo del hombre; quien provocó tormentas en Palestina a través de sus prédicas; quien dijo una parábola tras otra para enseñar a la gente sobre el reino de Dios; y respaldaba la verdad de su prédica con los milagros que realizaba.

La popularidad de Jesús entre el pueblo lo llevó a un conflicto directo con las autoridades religiosas, representadas por fariseos, saduceos y escribas, y esto lo llevó a ser condenado a muerte por las fuerzas ocupantes romanas. Tres días después se informó que Jesús había resucitado y la verdad de este acontecimiento empezó a ser comprendida por sus primeros seguidores. La Iglesia primigenia proclamó que él era el mesías, el hijo de Dios. Los Evangelios formaron parte del intento de la Iglesia para presentar las buenas noticias sobre Jesús en todo el imperio romano.

El problema sinóptico

Como veremos, la relación entre los cuatro Evangelios es compleja. Tres de ellos (Mateo, Marcos y Lucas) son conocidos como Evangelios sinópticos (mirada de conjunto) por su gran semejanza entre sí. Mientras que el 90 por ciento del Evangelio de Juan no tiene ningún paralelo, sólo el 25 por ciento de Mateo y Lucas son singulares en cuanto a su contenido; de Marcos menos del 10 por ciento. La relación entre estos tres Evangelios se conoce como problema sinóptico.

La solución al problema sinóptico depende de la fuerte probabilidad de que el Evangelio de Marcos haya sido el primero en escribirse, cerca del 65 e.c. Si es así, tanto Mateo como Lucas utilizaron a Marcos como una de sus fuentes, de manera independiente. Esto explica el material que los tres comparten. Mateo y Lucas tienen material común que no comparten con Marcos, los académicos lo llaman la fuente Q (del alemán *Quelle*, que significa fuente). Mateo tiene material que nadie más comparte y esto proviene de su propia fuente, llamada M. Del mismo modo, Lucas obtuvo información de su propia fuente: L.

El escenario de los Evangelios es Judea y Galilea.

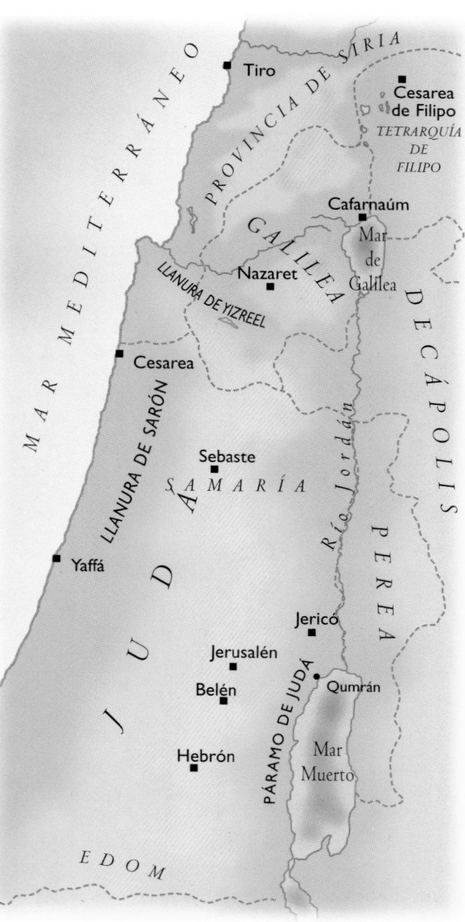

Evangelio de Mateo

La Iglesia ha encontrado que, históricamente, el Evangelio de Mateo es el más conveniente y por ello es el que se ha usado con mayor frecuencia en la liturgia y el culto. Puede ser porque sus intereses parecen ser más pastorales que teológicos.

Vista medieval de los tormentos del infierno. *Juicio final*, de Hieronymus Bosch (*ca.* 1450-1516)

El recuento de Mateo es el más judío de los Evangelios, y San Agustín y otros lo apoyaron como el primero en haber sido escrito: es el primer Evangelio en el Nuevo Testamento; el Evangelio de Marcos parece ser una versión breve de éste. Ahora, la visión común es que el Evangelio de Marcos fue el primero en ser escrito en griego burdo, y Mateo ofreció un Evangelio más pulido para el uso público cerca de 20 años después. Además, Mateo incluye una descripción del nacimiento de Jesús y muchas otras enseñanzas de Jesús que no se encuentran en Marcos.

Características e intereses de Mateo

El aspecto judío del Evangelio de Mateo es muy claro. Mateo con frecuencia se refiere al "reino de los cielos" en lugar de al "reino de Dios", una frase encontrada a menudo en Marcos y Lucas, lo cual refleja el tradicional rechazo judío a

Bienaventurados los pobres de espíritu, porque de ellos es el reino de los cielos. Bienaventurados los que lloran, porque ellos serán consolados. Bienaventurados los sufridos, porque ellos heredarán la Tierra. Bienaventurados los que tienen hambre y sed de justicia, porque ellos serán saciados.

MATEO 5:3-6

usar el nombre divino. Mateo presenta las enseñanzas de Jesús en cinco bloques, cada uno termina con la frase: "Cuando Jesús terminó sus palabras..." haciendo referencia a los cinco libros de la Torá. El llamado sermón de la montaña señala los estándares éticos esperados de aquellos que entrarían en el reino del cielo. La nueva ley de Jesús había sustituido a la antigua ley de Moisés.

Una preocupación principal de Mateo es mostrar con cuánta frecuencia tenían lugar los hechos para cumplir con las profecías hechas en las escrituras judías. Su Evangelio es eclesiástico, pues muestra que el reino de los cielos empezaba a ser equiparado con la Iglesia del tiempo en que Mateo escribió. Sólo Mateo menciona "la Iglesia" relacionada con Pedro como piedra. Mateo también menciona la expectativa futura del juicio final y el fin del mundo.

Jesús en el Evangelio de Mateo

Con frecuencia Jesús se identifica a sí mismo como el hijo del hombre (una frase usada en el libro de Daniel), mientras que los demonios lo reconocen como el hijo de Dios, el título favorito de Mateo para nombrar a Jesús. En la historia de la pasión de Jesús, hay varios puntos esenciales de Mateo: interviene la esposa de Poncio Pilato; Pilato se lava las manos para expresar su creencia en la inocencia de Jesús y entrega a Jesús a los judíos. La aceptación gustosa de éstos de la responsabilidad de la muerte de Jesús ha sido una excusa para el antisemitismo de los cristianos. En el Evangelio de Mateo, Jesús no se sorprende por nada de lo que le pasa; de hecho, previene a sus discípulos de lo que está por venir y está perfectamente consciente de quién lo traicionará.

Evangelio de Marcos

Al parecer, el Evangelio de Marcos nos da el primer registro conocido de la vida y enseñanzas de Jesús. Desde el principio, su vida, según Marcos, avanza rápidamente hacia la muerte y la resurrección.

El de Marcos es el más breve de los Evangelios. Tanto el de Mateo como el de Lucas usaron después el de Marcos como su fuente principal de información. Tradicionalmente se adscribe a Juan Marcos, el compañero de Pedro, esto llegó hasta un obispo inicial, Papías, quien registró que Marcos escribía "con exactitud pero no en orden", los recuentos de Pedro.

Los temas de Marcos

Marcos usó un cierto número de pequeñas historias ya existentes sobre Jesús y las reunió, algunas veces azarosamente, pues el Evangelio no pretende ser un recuento cronológico. El principal tema de su obra es el

El abrupto final

Hay aspectos inexplicables asociados con la forma en que Marcos lleva el Evangelio a un clímax con la muerte y la resurrección de Jesús. Está el escalofriante y siniestro llanto profundo por el abandono que siente Jesús en la cruz; la inesperada oscuridad que cubre la Tierra cuando Jesús muere y el abrupto final del Evangelio con el temor de las mujeres y su silencio desobediente. La existencia tanto de la Iglesia como del Evangelio mismo significa que no estuvieron callados mucho tiempo. La afirmación de Marcos sobre la tumba vacía, muestra su propia creencia en la vindicación de Jesús que regresó a la vida gracias a Dios.

Es el carácter repentino con el que Marcos concluye el que ha causado gran especulación. Hay otro final en algunos manuscritos, pero tal vez fueron escritos en el siglo II e.c. Es posible que Marcos haya proporcionado un final que se eliminó del Evangelio por razones no reveladas. De otra forma, sólo podemos aventurar por qué el Evangelio termina en esa forma.

El que quiera venir en pos de mí, niéguese a sí mismo, tome su cruz y sígame. Pues quien quiera salvar su vida, la perderá, y quien pierda la vida por mí y el Evangelio, la salvará.

MARCOS 8:34-35

La sombra de la cruz atraviesa el Evangelio de Marcos desde el principio. *Cristo en la cruz*, de Ferdinand-Victor Eugéne Delacroix (1798-1863).

sufrimiento del mesías que se hizo de enemigos por reclamar su divinidad. La sombra de la cruz atraviesa el Evangelio de principio a fin. Jesús es el misterioso hijo de Dios que está presionando a Jerusalén y va hacia la muerte desde un principio. Tres veces Jesús atisba a su propia muerte e invita a sus discípulos a compartir con él su cáliz de sufrimiento. Sin duda, Marcos estaba escribiendo contra los antecedentes de la primera persecución de la Iglesia y esperaba que ésta continuara.

Un tema secundario en el Evangelio es que la Iglesia es la sucesora legítima de Israel en cuanto a los propósitos de Dios. Esto da cuenta del repetido uso que hace del número 12: 12 discípulos, 12 años de sufrimiento por las mujeres hemorrágicas, la niña de 12 años resucitada y las 12 canastas de sobras después de alimentar a una gran multitud, todo lo cual son reminiscencias de las 12 tribus originarias de la nación de Israel.

Evangelio de Lucas

Lucas escribió su Evangelio para sus compañeros gentiles. Sostenía que la gran preocupación de Jesús eran los más pobres y los rechazados y que Dios realizaba sus propósitos por medio de la Iglesia y no de Israel.

El tercer Evangelio viene de la misma mano que los Hechos de los apóstoles y también está dedicado a un oficial romano de alto rango, Teófilo. En el prólogo al Evangelio, Lucas advierte a los lectores que no es un testigo de los eventos que describe por lo que usa fuentes secundarias. Una de ellas es el Evangelio de Marcos, del que toma fragmentos libremente.

La Iglesia, el nuevo Israel

El Evangelio de Marcos era probablemente muy burdo y el de Mateo demasiado semítico para presentar el Evangelio cristiano al mundo de habla

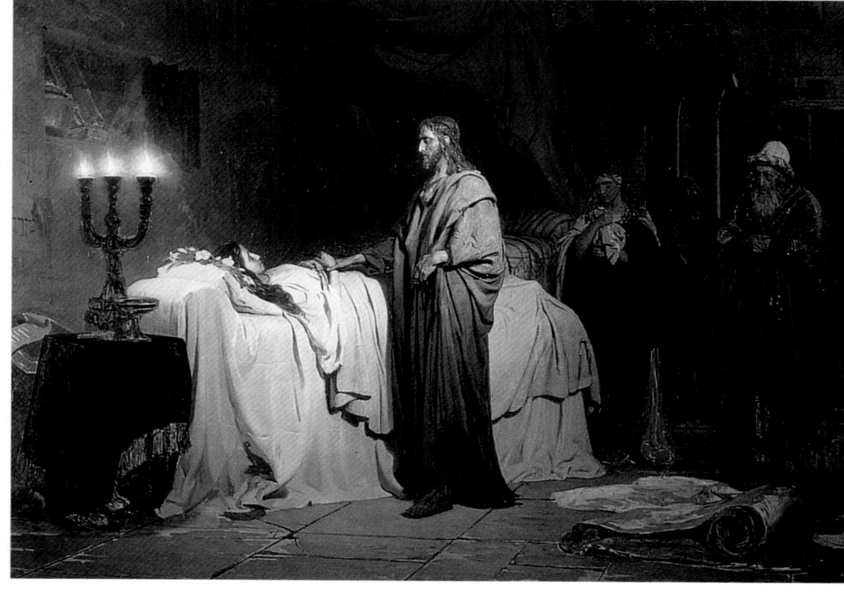

Fue por un sencillo mandato que Jesús resucitó a la hija del dirigente de la sinagoga. *La resurrección de la hija de Jairo* (1871), de Ilya Efimovich Repin (1844-1930)

> *Amad a vuestros enemigos y haced bien, bendecid a los que os maldicen y orad por ellos. Al que te pegue en una mejilla preséntale la otra, quien intente quitarte el manto no le impidas tomar la túnica. Dale a quien te pida; y no reclames nada a quien intenta quitarte lo tuyo.*
>
> LUCAS 6:27-30

griega, pero el enfoque ordenado y meticuloso de Lucas resultaba ideal. Fue acucioso en su investigación, empático en su enfoque y universal en su visión. No es de sorprender que sólo en el Evangelio de Lucas conozcamos a Elizabeth, a Ana la profeta, a las seguidoras femeninas de Jesús y a la viuda del único hijo de Naím que murió a tierna edad. Todas las historias de María, la madre de Jesús, provienen de Lucas; ella no aparece para nada en el Evangelio de Marcos y es totalmente silenciosa en el recuento de Mateo. Sin Lucas no sabríamos nada de la prostituta que lavó los pies de Jesús con sus lágrimas y los secó con su cabello; del ladrón que se arrepintió de sus pecados en la cruz en el Calvario; o las últimas palabras de perdón que Jesús pronunció desde la cruz. Sólo Lucas nos da parábolas del hijo pródigo, la oveja descarriada y la moneda perdida, junto con los fariseos, publicanos y Lázaro, todo lo cual contiene un mensaje universal.

La naturaleza universal del mensaje cristiano recorre el Evangelio de Lucas de principio a fin. Jesús es el salvador de todos, llegó a derribar las barreras entre Dios y la humanidad. Es uno de los amigos de las minorías y los perdidos, los despreciados y los que no tienen esperanza. La comprensión que Lucas tiene de Jesús es cercana a la de Pablo, el líder de la Iglesia a quien acompañó en sus viajes y, ciertamente, refleja la victoria de la teología paulina en la Iglesia.

Tanto en el Evangelio de Mateo como en el de Marcos el fin de los tiempos, la *parusía*, es inminente. Sin embargo, enfatiza el gozo de vivir en la comunidad de la Iglesia plena del Espíritu, en lugar de esperar el fin del mundo. Lucas quiere impulsar a sus lectores para estar listos cuando llegue el fin, en algún momento desconocido, pero no necesariamente pronto. En lugar del mensaje de que la gente se arrepienta, se les invita a ser imitadores cotidianos de Cristo.

Evangelio de Juan

El mundo habitado por Juan en su Evangelio es muy diferente al de los escritores sinópticos. Comparte muy poco de su material con ellos y le da un enfoque más teológico a la vida de Jesús.

El Evangelio de Juan fue escrito mucho después que los demás, probablemente hacia el 95 e.c., y hace un estudio más profundo de la vida de Jesús que los otros escritores. Aunque su lenguaje es simple, es una investigación del misterio de Cristo. Esto facilita la lectura de este Evangelio en comparación con los otros. Hace explícito lo que otros sólo sugieren: que un Evangelio no es la biografía de Jesús, sino una interpretación de su vida y sus enseñanzas.

¿POR QUÉ ESCRIBIÓ JUAN?

Clemente de Alejandría declaró en un escrito, a finales del siglo II e.c., que después de que los otros tres Evangelios fueron escritos, Juan escribió "un Evangelio espiritual". Existe algo de verdad en esta afirmación. Juan estableció su motivo al escribir el Evangelio: para ayudar a sus lectores a creer que Jesús es hijo de Dios y compartir la vida eterna, que le es concedida a todo creyente.

El Evangelio único de Juan
Hay varias formas en que la imagen de Jesús surgida del Evangelio de Juan es muy distinta de la que se encuentra en los Evangelios sinópticos.

Las narraciones de infancia
Mientras Mateo y Lucas registran el nacimiento de Jesús, Juan hace la profunda afirmación teológica de que Jesús era "el Verbo [de Dios] hecho carne".

Los milagros
Tanto los exorcismos como las curaciones de los leprosos, tan importantes para Marcos, están ausentes en Juan, pero incluye otros siete milagros —la transformación del agua en vino— que él llama "signos". Mientras que los milagros en los Evangelios sinópticos eran indicios de la aparición del reino de Dios, para Juan estos milagros mostraban que Jesús era el hijo de Dios.

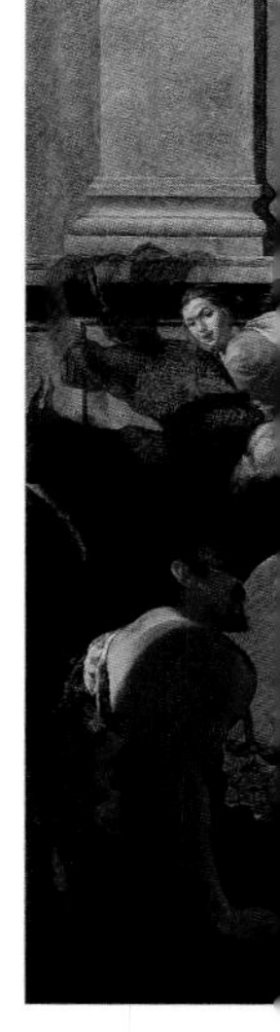

El ministerio de Jesús

En los Evangelios sinópticos la mayor parte del ministerio de Jesús tiene lugar en Galilea, mientras en Juan la acción está centrada en Jerusalén y gira alrededor del festival judío de la luz, la vida y la gloria.

Cristo estaba furioso al descubrir que la casa de su padre se había convertido en un mercado. *Cristo arrojando a los mercaderes del Templo*, de Bernardo Cavallino (1616-1656).

En Juan la limpieza del templo se ubica muy al principio del ministerio de Jesús y no hay registro alguno de la transfiguración.

Las enseñanzas de Jesús

Las enseñanzas de Jesús en Juan carecen de proverbios breves y agudos, así como de las parábolas encontradas en otras partes; en su lugar, hay extensos discursos. Las enseñanzas de Jesús sobre sí mismo a menudo tienen una forma alegórica: Jesús se llama a sí mismo el buen pastor, la puerta, el camino, la verdad y la vida, y el pan de la vida.

> *Al principio era el Verbo, y el Verbo era Dios. Él estaba al principio en Dios. Todas las cosas fueron hechas por Él, y sin Él no se hizo nada de cuanto ha sido hecho. En Él estaba la vida, y la vida era la luz de los hombres. La luz luce en las tinieblas, pero las tinieblas no la acogieron.*
>
> JUAN 1:1-5

Podemos suponer que la mayoría de los lectores de Juan estarían familiarizados con los recuentos sinópticos, así que Juan se dispuso a reunir los muchos fragmentos encontrados en aquellos Evangelios para formar un todo integrado. Esto tuvo una gran influencia. El Evangelio de Juan proporciona los fundamentos en los que se basa gran parte de la comprensión de Jesús.

Hechos de los apóstoles

El quinto libro del Nuevo Testamento, Hechos de los apóstoles, es nuestra única fuente real de información sobre los primeros años de la Iglesia cristiana. Abarca un periodo de 30 años, desde el nacimiento de la Iglesia hasta el encarcelamiento de Pablo en Roma.

Sería imposible escribir una historia de la primigenia Iglesia cristiana sin la información proporcionada por los Hechos. Pedro, el discípulo de Jesús, es el personaje principal en la primera parte del libro y Pablo, fariseo converso y perseguidor de los primeros cristianos, domina el resto del libro.

La historia de los Hechos

Es muy probable que los Hechos de los apóstoles tengan el mismo autor que el Evangelio de Lucas y haya sido escrito por las mismas fechas, durante la séptima u octava década del primer siglo. Claramente sigue la narración donde la termina el Evangelio, adopta un estilo similar y despliega los mismos valores humanitarios.

Los Hechos registran el curso de eventos que iniciaron el día de Pentecostés, cuando el Espíritu santo fue dado a los alicaídos discípulos, hasta la conclusión abrupta y sorprendente del arresto domiciliario de Pablo en Roma. La historia incluye la descripción del Evangelio cristiano que avanza por gran parte del imperio romano velozmente; una historia de gran éxito, algunos fracasos y mucho trabajo. También hay un desacuerdo interno en la comunidad cristiana, en especial entre aquellos a favor de la Iglesia universal, abierta a todos sin restricción, y aquellos que querían nuevos conversos sólo para aparentar estar más de acuerdo con los antecedentes judíos de donde había surgido el cristianismo. La unidad de la Iglesia se mantuvo por un compromiso

> *Recibiréis la fuerza del Espíritu santo que sobre vosotros vendrá; y seréis testigos míos en Jerusalén y en toda Judá y Samaría y hasta los confines de la tierra.*
>
> HECHOS DE LOS APÓSTOLES 1:8

El Espíritu santo desciende como lenguas de fuego sobre los discípulos el día de Pentecostés. Ilustración anglosajona de la bendición del arzobispo Roberto.

insatisfactorio que fue pactado durante el encuentro de Pedro, Pablo y otros en Jerusalén alrededor del año 50 e.c.

Los Hechos del Espíritu santo

Igual que los escritores de los Evangelios, Lucas, en Hechos, es más que un cronista de los eventos. Ve un patrón repetitivo en los hechos que describe. El Evangelio fue lanzado al mundo por la resurrección de Jesús y el don del Espíritu santo, y nada podía detener su avance. Pablo y otros apóstoles podían planear sus viajes, pero poco podían lograr a menos que fueran dirigidos por el Espíritu santo. Dios, a veces alteraba los planes de los misioneros, desviándolos de un sendero y llevándolos a otro, por medio del Espíritu santo, pero ésa era una prerrogativa divina. A menudo Lucas ha sido llamado "el teólogo de la historia de la salvación" —Pedro y Pablo eran los principales agentes humanos— pero la parte dominante para traer la salvación a las masas era representada por el Espíritu santo. Ésta es la razón por la que el Espíritu santo se menciona no menos de 57 veces en este libro.

Lucas lleva la historia a una conclusión que empezó en el primer volumen y concluyó en Jerusalén, pero adquirió, hacia el final del segundo volumen, una relevancia universal.

Las cartas del Nuevo Testamento

Hay muchas cartas o epístolas en el Nuevo Testamento, la mayoría de ellas escritas por Pablo. El resto de las cartas se asocia con otros líderes de la iglesia como Santiago, Pedro y Juan.

Después de una década de la muerte de Cristo, las iglesias se encontraban en pugna en las principales ciudades del imperio romano. Muchos libros en el Nuevo Testamento fueron escritos para estimular a estas iglesias a comprender la fe que acababan de abrazar. La mayoría eran cartas enviadas por los líderes cristianos hacia sus fieles, frecuentemente como respuesta a preguntas específicas que surgían entre la comunidad cristiana.

Envío de cartas

No todos en el imperio romano o en la Iglesia cristiana sabían leer, a menudo las cartas se leían en voz alta a los grupos

Dos autores de las cartas del Nuevo Testamento, Pedro y Pablo, retratados en un relieve inconcluso del siglo IV e.c.

Pues estoy firmemente convencido de que ni muerte ni vida, ni ángeles ni principados, ni lo presente ni lo futuro, ni potestades, ni altura ni profundidad, ni ninguna otra cosa creada podrá separarnos del amor de Dios, manifestado en Cristo, Jesús, Señor nuestro.

ROMANOS 8:38–39

reunidos. Aunque los romanos tenían su propio idioma, el latín; conversaban y negociaban en griego, pero en Palestina el griego era usado junto con el dialecto local, el arameo. La mayoría de las cartas tenían una forma estándar: frases de saludo seguidas por el texto principal antes de la despedida. Las cartas del Nuevo Testamento siguen este patrón. Las cartas de Pablo, en especial, son de este tipo. Sus cartas adoptan un tono muy personal como el que se usaría entre amigos. Cuatro de las cartas relacionadas con su nombre fueron enviadas a cristianos en particular: Filemón, Timoteo 1 y 2, y Tito, mientras que el resto estaba dirigido a las iglesias.

Algunas de las otras cartas del Nuevo Testamento siguen menos este estilo formal de escritura epistolar y es posible que no hayan sido verdaderas cartas. Más bien pudieron ser intentos de declaraciones formales de las enseñanzas de la Iglesia sobre importantes asuntos doctrinales. La carta que encaja en esta categoría más claramente es la epístola a los hebreos, una obra anónima que, al juzgar por el tema que trata, debe haber sido dirigida a una comunidad compuesta en gran parte por judíos conversos.

Uso de las cartas

Cualquier forma que tomaron las cartas nos hace suponer que la mayoría aborda temas específicos de interés en la Iglesia primigenia, aunque también hay claves acerca de la naturaleza exacta del problema. Es cierto que la mayoría de las cartas escritas por los apóstoles fueron reunidas y difundidas ampliamente casi tan pronto como fueron escritas. Como sabemos, Pablo recomendó que dos de las iglesias a las que había escrito intercambiaran las cartas que él les envió. Para el momento en que Pedro escribió, hacia finales del primer siglo, las cartas de Pablo habían sido reunidas y colocadas junto con el Antiguo Testamento como escritura sagrada. Eran leídas en el curso del culto habitual.

Cartas de Pablo

La influencia de Pablo en la Iglesia primigenia fue gracias a sus visitas a muchas comunidades cristianas y a las cartas que les escribió. En ellas explicaba la doctrina cristiana e invitaban a los jóvenes creyentes a seguir el mensaje divino.

Las cartas que comúnmente se creen escritas por Pablo se dividen en cuatro grupos.

Tesalonicenses 1 y 2

Quizá éstas fueron las primeras cartas escritas por Pablo alrededor del año 49 e.c. Pablo había sido cristiano por casi 15 años y había pasado gran parte de ese tiempo enseñando y estableciendo nuevas iglesias en el área del Mediterráneo. En estas dos cartas, Pablo recuerda el tiempo que pasó en Tesalónica, invita a los creyentes a vivir una vida de amor y santidad y a esperar el regreso de Cristo.

Romanos, corintios 1 y 2 y gálatas

La carta a los romanos, la obra más extensa de Pablo, es lo más próximo que tenemos de una explicación del Evangelio cristiano. La razón de Pablo para escribir esta carta no es clara, pues para esa fecha no había visitado Roma, aunque esperaba hacerlo pronto. Quería propiciar una reconciliación entre los grupos cristianos y judíos de la ciudad. Pablo escribió su primera carta a la iglesia en Corinto como respuesta a una misiva de los cristianos de ese lugar. Escribió otra carta para advertir y alentar a los cristianos que vivían en una ciudad particularmente inmoral. Pablo escribió una carta a los gálatas para actuar en contra de las falsas enseñanzas de que los cristianos gentiles debían ser circuncidados y seguir la ley judía.

Efesios, filipenses, colosenses y Filemón

En estas cartas, conocidas como las epístolas de prisión, Pablo menciona que es un prisionero, quizá en Roma. Efesios contiene enseñanzas sobre Cristo, el mundo y la Iglesia. En su carta a los cristianos en Filipos, Pablo está agradecido por las muchas bondades que la iglesia de ahí le había prodigado y les pide permanecer unidos y

Si Dios está por nosotros, ¿quién contra nosotros? Él que ni siquiera escatimó darnos a su propio Hijo, sino que por todos nosotros lo entregó, ¿cómo no nos ha de dar con Él todas las cosas? ¿Quién acusará a los elegidos de Dios? Dios es quien justifica.

ROMANOS 8:31-33

gozosos frente a la oposición y el acoso.

Timoteo 1 y 2, y Tito

Muchas personas piensan que Pablo escribió estas cartas, conocidas como las epístolas pastorales hacia el final de su vida y, de ser así, es probable que haya sido liberado de su prisión en Roma, con lo cual concluye Hechos de los apóstoles. En las epístolas pastorales, Pablo muestra gran preocupación por el bienestar de sus iglesias y habla de su deseo de saber que se encuentran en buenas manos. En Timoteo 2, escrita justo antes de su muerte, Pablo alienta a un joven pastor llamado Timoteo a permanecer fiel al Evangelio cristiano que le ha sido enseñado desde su niñez.

Las ruinas del Templo de Apolo en lo alto de Corinto. La ciudad estaba edificada en el cruce de las rutas comerciales por tierra y por mar. Era el centro del intercambio de culturas y religiones, pero también era conocida por su inmoralidad. Las dos cartas de Pablo a los corintios cristianos contienen muchos consejos prácticos para sobrevivir en un mundo impío.

Otras cartas del Nuevo Testamento

Con las cartas relacionadas con Pablo, los primeros cristianos ansiaban preservar otras escritas por líderes de la Iglesia. Éstas se encuentran en un solo grupo dentro del Nuevo Testamento.

De las epístolas restantes en el Nuevo Testamento una es anónima (Hebreos); otra fue escrita por Santiago, hermano de Jesús (Santiago); dos se vinculan con Pedro (Pedro 1 y 2); tres fueron escritas por Juan (Juan 1, 2 y 3); y una más fue escrita por Judas, hermano de Santiago.

Hebreos

Esta extensa carta fue escrita a un grupo de judeocristianos, quizá de Roma, que se estaban separando de la iglesia principal y buscaban su hogar espiritual en el judaísmo. El autor desconocido estaba alarmado por esto porque consideraba que todos los propósitos de Dios se canalizaban ahora en Cristo, el mesías judío.

Santiago

Santiago, hermano de Jesús, fue el líder de la iglesia en Jerusalén. Probablemente, su epístola sea el primer libro del Nuevo Testamento, pues data de mediados de los años 40 e.c., y refleja un primer periodo en la historia de la Iglesia en que los cristianos judíos todavía pertenecían a las sinagogas locales. En la carta, Santiago alienta a estos nuevos cristianos a ser discípulos ejemplares de Jesús.

Nerón encabezó la persecución a los cristianos en el año 65 e.c.

Pedro 1 y 2

Ambas cartas fueron enviadas a los cristianos dispersos en los cinco distritos de Asia Menor. La primera carta les advierte de una próxima persecución y los alienta a seguir siendo fieles a Jesús, que murió en la cruz por salvarlos. La segunda carta les advierte de las falsas enseñanzas que circulaban en esa época y que propiciaban el comportamiento inmoral. Es poco probable que la segunda carta haya sido escrita por Pedro y quizá sea posterior al resto de

El Coliseo de Roma, lugar de diversión con una capacidad de 70 000 personas. Se aplaudía la crueldad y muchos encontraban la muerte en la arena. Hacia finales del primer siglo, aumentaba la persecución de cristianos.

Queridos míos, si Dios nos amó así, amémonos unos a otros, porque la caridad procede de Dios, y todo el que ama es nacido de Dios y a Dios conoce. El que no ama no conoce a Dios porque Dios es amor. El amor de Dios hacia nosotros se manifestó en que Dios envió al mundo a su Hijo Unigénito para que nosotros vivamos por Él. En eso está el amor, no en que nosotros hayamos amado a Dios, sino en que Él nos amó y envió a su Hijo, como sacrificio por nuestros pecados.

I JUAN 4:7-10

los textos del Nuevo Testamento, escrita alrededor del fin del primer siglo e.c.

Juan 1, 2 y 3

Escritas por el autor del Evangelio de Juan, fueron compuestas probablemente en la última década del primer siglo e.c. Juan insistió en que Cristo era único y que una fe que no daba como resultado una vida de santidad no tenía sentido. Dios es amor; este amor tomó la forma humana en la vida de Jesús, y los cristianos, unidos en Dios y en Cristo, deben expresar su fe por la santidad y el amor a otros, lo cual refleja la santidad y el amor de Dios.

Judas

Esta epístola, escrita por el hermano de Santiago cerca del año 80 e.c., estaba dirigida contra una filosofía que trataba de reducir a Jesús a un cierto tipo de ángel superior.

LAS EPÍSTOLAS CATÓLICAS

Santiago, Pedro 1 y 2, Juan 1, 2 y 3, y Judas, algunas veces reciben el nombre de epístolas católicas o universales porque, con excepción de Juan 2 y 3, estaban dirigidas a un público más extenso y no a una iglesia o persona en particular.

Apocalipsis

El libro del Apocalipsis describe una gran visión que tuvo Juan, posible autor del cuarto Evangelio, cuando estaba desterrado en la isla de Patmos.

Escrito alrededor del año 95 e.c. el libro del Apocalipsis empezó como una carta enviada a las diferentes comunidades cristianas en Asia Menor (como lo señalan los primeros tres capítulos). En cierto sentido, el libro pertenece al grupo de epístolas universales o generales, pero su temática y su estilo le dan un lugar relevante.

El libro del Apocalipsis

Ya sea que el libro del Apocalipsis haya sido escrito por el autor del Evangelio de Juan o que no sea así, hay una fuerte afinidad de pensamiento entre ambos libros: en Jesús, Dios ha hecho su revelación final a la raza humana. Dios no se quedará ni hará nada más. En la muerte y resurrección de Jesús, Dios nos ha mostrado todo lo que debe saberse sobre Él y concluyó la obra para la salvación del mundo.

Esto fue ofrecido como un mensaje de esperanza para los cristianos en el primer siglo quienes, debido al sufrimiento y persecución, empezaban a dudar de que Dios derrotaría finalmente a los poderes del mal y la destrucción. El libro

En una visión de Juan, un jinete mata a parte de la población del mundo *Muerte sobre un caballo pálido*. (ca. 1800), William Blake (1757-1827).

del Apocalipsis asegura que esta victoria final ha sido ganada por Dios y que ellos la comparten por la persecución de que son objeto, no a pesar de ella. Su sufrimiento los bautiza en la muerte de Jesús y sin ella no pueden esperar compartir la gloria de su resurrección. Este mensaje potente y estimulante se comparte con los cristianos en forma de un discurso apocalíptico. Para poner un énfasis dramático en los eventos contemporáneos al autor, estos se describen como si hubieran sido revelados en visiones experimentadas en el pasado. Bajo un cierto número de símbolos: león, cordero, hijo del hombre, caballo, se representa a Jesús como si estuviera presente en estos eventos contemporáneos y triunfando sobre los poderes del mal, que también están presentes en formas simbólicas, como el dragón, la bestia, Babilonia y el mar. Esta victoria no sólo está al final del libro sino al final de siete cuadros separados, cada uno completo en sí mismo, entre los capítulos 4 y 21.

El libro del Apocalipsis termina con la promesa de Jesús: "Sí, regresaré pronto", a la que el autor responde en nombre de los lectores: "Amén. Ven, Señor Jesús". Después, el autor agrega a los lectores, aquí y allá: "La gracia del Señor Jesucristo esté con el pueblo de Dios. Amén".

Mensaje del Apocalipsis

El libro del Apocalipsis no es el insondable misterio que con frecuencia se cree. El autor no estaba prediciendo eventos del futuro aunque, algunos motivos dudosos, propiciaron esto. Por cierto, no estaba profetizando hechos que algunos piensan que tuvieron lugar en los siglos XX y XXI. Sus propios lectores los consideraron reflejos de los eventos que vivían y que se les pedía que compartieran en la muerte y resurrección de Jesús. Así, el libro contenía un profundo mensaje de aliento para la Iglesia en ese momento y en el futuro: mediante su sufrimiento viene su vindicación y victoria finales. La Revelación proporciona un final espiritual muy adecuado para la Biblia.

La Biblia es el libro que más se ha traducido, impreso y distribuido con las ventas más altas a lo largo de la historia.

Aquellos que buscan comprender la Biblia en el contexto de nuestra cultura, luchan por encontrar y explicar su relevancia. En muchas partes del mundo, los cristianos han adoptado una postura radical. Los líderes de las iglesias en América Latina y cristianos legos han declarado que el cristianismo ofrecía una "opción preferencial" para los pobres con base en las enseñanzas de Jesús en la Biblia. En África, el reto ha sido proporcionar un marco cultural distintivo para el estudio de la Biblia.

En otras partes, la Biblia ha impulsado avances culturales en áreas diversas. Durante siglos, la Iglesia era la única impulsora oficial del arte y había un vínculo integral entre la música y la Iglesia. La Biblia también

El rescate de Moisés por la hija del faraón (1904) sir Lawrence Alma-Tadema (1836-1912)

ha producido novelistas, poetas y dramaturgos con profusión de alusiones y metáforas.

Parece que la influencia de la Biblia aumentará en áreas del mundo en vías de desarrollo donde se expande el cristianismo. Más y más personas tendrán acceso a ella, por medios escritos o electrónicos. Pero en el mundo occidental son considerables los retos actuales del cristianismo y de su libro sagrado.

La conversión personal y la transformación social se proponen en la Biblia. El reino de Dios es un horizonte utópico, pero también empieza a construirse en la Tierra.

SERGIO TORRES
TEÓLOGO LATINOAMERICANO

EL IMPACTO DE LA BIBLIA

Contenido

La Biblia y las misiones

Durante los dos siglos pasados hubo un fuerte vínculo entre el trabajo misionero y el de la Iglesia, así como la publicación y distribución de la Biblia mediante las sociedades bíblicas de diversos países.

El Evangelio de Mateo concluye cuando Jesús comisiona a sus discípulos a "ir y hacer discípulos de todas las naciones, bautizándolos en el nombre del Padre, del Hijo y del Espíritu santo". La Iglesia cristiana ha tomado este mandato con diversos grados de seriedad. El impulso verdadero de los misioneros empezó en las primeras décadas del siglo XIX y pronto se vio que si se deseaba que la expansión de la Iglesia fuera duradera, ésta debería acompañarse de la amplia difusión de las Escrituras en la lengua de cada pueblo.

Llevar el mensaje al mundo

Kenneth Latourette, historiador líder de la Iglesia, denominó al siglo XIX como "el gran siglo", pues éste fue testigo de una expansión sin precedente de la Iglesia cristiana en todo el

En 1806 un grupo de estudiantes en Massachusetts se reunieron en un albergue durante una tormenta y oraron por un movimiento misionero global. Formaron la Sociedad de Brethren en 1808, pero eran más conocidos como el Grupo Haystack. En 1810 formaron el Consejo Americano de Comisionados para Misiones Extranjeras, primera sociedad estaduonidense dedicada al trabajo misionero en todo el mundo.

mundo. Gran parte de su expansión fue realizada por las iglesias protestantes, confiadas cada vez más en el mensaje que debían proclamar. Fundaron muchas sociedades misioneras y fueron donadas grandes cantidades de dinero para cumplir su labor. La Sociedad de la Iglesia Misionera, por ejemplo, recibía cerca de 3 000 libras esterlinas en 1803, pero esta cifra se elevó a 115 000 libras esterlinas en 1843.

La Sociedad Anglicana para la propagación del Evangelio ha estado activa en Estados Unidos desde 1701, seguida por la Sociedad Misionera Bautista (1792), la Sociedad de la Iglesia Misionera (1799) y la Sociedad de la Biblia Británica y Extranjera (1804). En Estados Unidos, el Consejo de Comisionados para las Misiones Extranjeras se fundó en 1810, seguido por el Consejo Bautista Misionero de Estados Unidos, cuatro años después.

Como la Biblia y las misiones estaban estrechamente relacionadas, hubo una proliferación de las sociedades de la Biblia al mismo tiempo. La Sociedad Estadounidense de la Biblia se fundó en 1816 para dar Biblias a los inmigrantes, a los nativos de Estados Unidos y a otros grupos que no podían pagar o no tenían acceso a ella.

Copias de algunas partes de la Biblia se distribuyen en un camión en África oriental.

Distanciarse [de la Biblia] significa ser nuevo al texto (ser un extraño, alguien que lo visita por primera vez), para sorprenderse con todo, especialmente con los detalles que las lecturas repetidas han hecho parecer lógicos y naturales. Es necesario tomar la Biblia como un libro nuevo, un libro que no ha sido escuchado ni leído antes.

ELSA TAMEZ
TEÓLOGA METODISTA MEXICANA

La Sociedad de la Biblia Británica y Extranjera esparció una ola similar de organizaciones protestantes y cristianas en Escocia, Irlanda, Australia, Nueva Zelanda, Rusia, Alemania, Holanda, Noruega, Suiza, Dinamarca y Canadá. Algunas como la Sociedad de la Biblia en Rusia, tuvieron una vida breve.

El trabajo colectivo de estos grupos ha continuado hasta el presente. Con el resurgimiento de los evangélicos dentro de la vida de la Iglesia desde los años cincuenta, el vínculo entre la Biblia y la empresa de las misiones es aún más cercano. La Sociedad de la Biblia Inglesa y Extranjera cambió su nombre a Sociedad Bíblica, pero su motivación era la misma: llevar las Escrituras a todas las personas en su lengua materna.

América

Aunque la relación del continente con la Biblia se ha hecho más difusa en los siglos XX y XXI, la Biblia aún constituye parte fundamental de la experiencia cristiana en América.

Durante el siglo XIX la Biblia fue el símbolo más penetrante de la América cristiana. La fascinación de Estados Unidos con la Biblia, que continúa hoy en día, tiene sus raíces en la Reforma protestante, la cual tuvo su propio curso en ese país con el repunte de la democracia entre la guerra de independencia (1775 a 1783) y la Guerra Civil (1861-1865).

A lo largo de su historia, Estados Unidos ha sostenido una tasa increíble de producción de biblias y un apetito cada vez mayor de libros que explican su significado y su mensaje. Entre 1777 y 1955 se publicaron más de 2 500 ediciones distintas en inglés de la Biblia. Ya entrado el siglo XX, la versión del Rey James y la Biblia Católica de Douay-Rheims superaron a todas las ediciones anteriores.

La versión estándar para Estados Unidos en 1901 empezó a abrir el mercado a nuevas traducciones, y desde entonces la Nueva Biblia Inglesa, la Nueva Biblia Americana, la Biblia de la Buena Nueva y la Nueva Versión Internacional han tenido gran éxito. La sociedades de la Biblia las han comercializado fuertemente.

América Nativa

A principios del siglo XXI, se había impreso por lo menos un libro de la Biblia por cada una de las 400 lenguas nativas. Cincuenta por ciento de estas lenguas cuentan con un Nuevo Testamento completo mientras que el 15 por ciento tiene la Biblia completa. Esto significa que el 98 por ciento de los nativos disponen de por lo menos, una pequeña parte de la Biblia. Partes de ella también se han traducido a siete lenguas criollas; la Biblia completa se ha traducido al criollo haitiano. La disponibilidad de la Biblia en estas lenguas no garantiza, sin embargo, que sea leída, pues en algunos grupos el analfabetismo llega hasta el 90 por ciento.

Nativos en Estados Unidos realizan la danza del Búfalo Blanco en Nuevo México.

El Dios que conocemos por medio de la Biblia es un Dios liberador, un Dios que destruye los mitos y las enajenaciones, un Dios que interviene en la historia para romper con las estructuras de la injusticia y eleva a los profetas para señalar el camino a la justicia y a la piedad. Es un Dios que libera a los esclavos, hace caer los imperios y hace levantarse a los oprimidos.

CONFERENCIA DE LA IGLESIA EVANGÉLICA METODISTA BOLIVIANA, 1970.

Teología de la liberación

La teología de la liberación está altamente relacionada con la Iglesia en América Central y América del Sur. Se trata de un enfoque distinto de la Biblia que toma como referencia la experiencia comunitaria de los pobres y los oprimidos. Es natural que los pobres añoren compartir los bienes de aquellos que los rodean y los oprimidos busquen la libertad de sus opresores.

Muchos cristianos afirman que también es natural que las personas busquen en Cristo y en la Biblia un mensaje de esperanza.

El descubrimiento de esta esperanza en la Biblia ha llevado, en años recientes, a la formación de muchas comunidades en los países de América Latina: grupos de personas laicas que estudian las Escrituras con el fin de comprender las razones de opresión de su propio país. A finales de los ochenta, tan sólo en Brasil había más de 500 000 comunidades de este tipo.

Algunas figuras de la Iglesia Católica en América del Sur se asocian con la lucha por mejorar las condiciones de vida de los pobres. Un sacerdote en Colombia celebra una misa.

África

La Biblia se ha traducido y difundido cada vez más en África y ha producido muchas expresiones indígenas novedosas de la fe cristiana. Tales expresiones con frecuencia tienen fuertes nexos con los antecedentes culturales y espirituales de los fieles, así como de la Biblia.

La Biblia ha tenido un efecto considerable en África y ésta ha tenido un gran efecto sobre la Biblia. Cuando se llevó la Biblia a esta región con los misioneros colonizadores en los siglos XVIII, XIX y XX era utilizada como parte de la opresión económica y política del pueblo africano. En las siguientes décadas, a menudo los africanos retuvieron la Biblia al relativizar, poner resistencia y modificar su mensaje con gran habilidad y creatividad.

En su empeño por salvar las almas de los africanos de la condena eterna, los primeros misioneros mezclaron los principios cristianos con la cultura de esos países, por no decir con las creencias... El Dios que fue introducido en África era un Dios completamente extraño, y esto le robó al cristianismo su universalidad.

AKIN J. OMOYAJOWO,
TEÓLOGO NIGERIANO

África y la Biblia

Algunos observadores modernos argumentan que los estudiosos africanos cristianos han tratado a la Biblia en un sentido de transacción. Los africanos no han llegado a su estudio vacíos, sino que han incluido sus experiencias culturales, sociales, políticas y religiosas. Al hacerlo, han encontrado, por ejemplo, grandes similitudes entre sus propias visiones del mundo y aquellas expresadas tanto en el Antiguo como en el Nuevo Testamento.

Este enfoque bíblico es compartido por igual entre los cristianos especialistas y la gente común. Las tendencias recientes en el estudio, son hacia lecturas del texto desde el posmodernismo y la liberación, que van en cierto sentido hacia el lector africano promedio. Además, las contribuciones específicas de las mujeres africanas a las lecturas de la Biblia, nacidas de sus propias experiencias, son un factor de

Traductores de la Biblia en Tanzania en la ardua tarea de hacer las Escrituras accesibles en otro idioma.

gran importancia, pues las mujeres desempeñan un papel principal en muchas de las iglesias africanas. Todos relacionan con la Biblia sus propios antecedentes culturales y sociales, lo que significa que la Biblia no puede ser comprendida en una forma blanca y europea.

Conocimiento oral

Asimismo, los africanos incorporan una fuerte tradición oral a su lectura de la Biblia. Esto se aplica a los jóvenes cristianos en las iglesias africanas independientes, que aprenden de memoria algunos versículos aislados de la Biblia a partir de una conversación y los incorporan a su propia experiencia espiritual. A menudo, estos conversos llevan un ejemplar del Nuevo Testamento para pedir a un miembro letrado de la congregación que les lea algunos versículos. Después se los aprenden de memoria.

El trabajo de traducir la Biblia a las diversas lenguas y dialectos de África ha sido gran parte de la obra misionera en las décadas recientes. En la actualidad se ha traducido a más de 230 lenguas africanas. Una consecuencia de esta amplia difusión del texto y del aumento gradual de la alfabetización entre los africanos, es el debilitamiento de la visión europea y el nacimiento de nuevas formas indígenas de cristianismo las cuales sólo están ligeramente vinculadas a la Biblia.

Europa

El continente europeo se ha visto afectado profundamente por la Reforma y por la Biblia. El trabajo de las Iglesias católica y ortodoxa también han influido, aunque en menor medida.

En los siglos XV y XVI, se extendió la Reforma en toda Europa. Se basaba firmemente en la Biblia como única fuente de autoridad en la Iglesia. Las bases de este movimiento fueron la traducción de la Biblia a una amplia variedad de idiomas. La Reforma habría sido imposible sin una Biblia en la lengua vernácula de la gente.

Traducción de la Biblia

Para finales del siglo XIV se contaba con un Nuevo Testamento completo (la Biblia de Augsburgo, 1350) y el Antiguo Testamento (Biblia de Wenzel, 1389-1400), para que

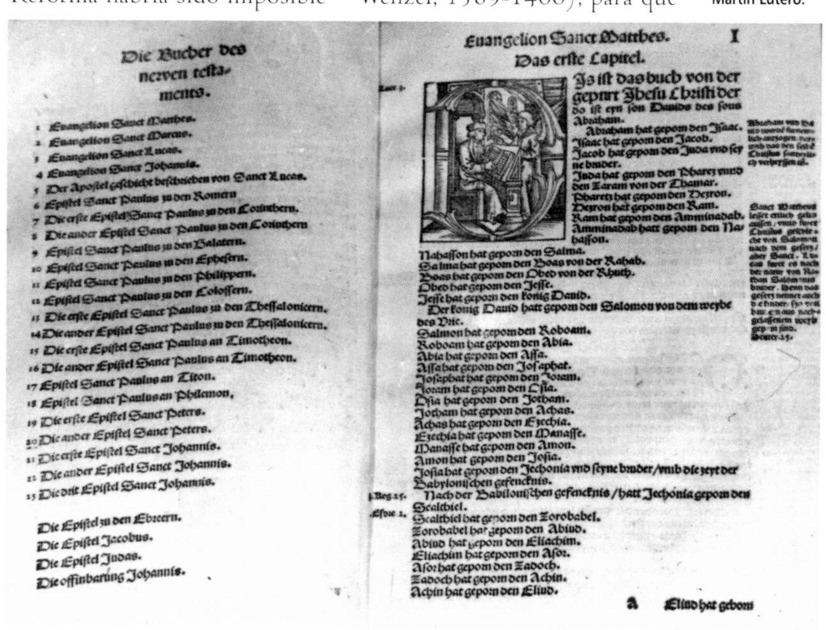

Die Bücher des newen testaments.

1 Euangelion Sanct Matthes.
2 Euangelion Sanct Marcus.
3 Euangelion Sanct Lucas.
4 Euangelion Sanct Johannis.
5 Der Apostel geschicht beschrieben von Sanct Lucas.
6 Epistel Sanct Paulus zu den Romern
7 Die erste Epistel Sanct Paulus zu den Corinthern.
8 Die ander Epistel Sanct Paulus zu den Corinthern
9 Epistel Sanct Paulus zu den Galatern.
10 Epistel Sanct Paulus zu den Ephesern.
11 Epistel Sanct Paulus zu den Philippern.
12 Epistel Sanct Paulus zu den Colossern.
13 Die erste Epistel Sanct Paulus zu den Thessalonicern.
14 Die ander Epistel Sanct Paulus zu den Thessalonicern.
15 Die erste Epistel Sanct Paulus an Timotheon.
16 Die ander Epistel Sanct Paulus an Timotheon.
17 Epistel Sanct Paulus an Titon.
18 Epistel Sanct Paulus an Philemon.
19 Die erste Epistel Sanct Peters.
20 Die ander Epistel Sanct Peters.
21 Die erste Epistel Sanct Johannis.
22 Die ander Epistel Sanct Johannis.
23 Die dritt Epistel Sanct Johannis.

Die Epistel zu den Ebreern.
Die Epistel Jacobus.
Die Epistel Judas.
Die offinbarung Johannis.

Euangelion Sanct Matthes. I

Das erste Capitel.

Dis ist das buch von der gepurt Jhesu Christi der do ist eyn son Dauids des sons Abraham.
Abraham hat gepom den Isaac.
Isaac hat gepom den Jacob.
Jacob hat gepom den Juda vnd seyne bruder.
Juda hat gepom den Pharez vnnd den Saram von der Thamar.
Pharez hat gepom den Hezron.
Hezron hat gepom den Ram.
Ram hat gepom den Amminadab.
Amminadab hatt gepom den Nahasson.
Nahasson hat gepom den Salma.
Salma hat gepom den Boas von der Rahab.
Boas hat gepom den Obed von der Ruth.
Obed hat gepom den Jesse.
Jesse hat gepom den konig Dauid.
Der konig Dauid hatt gepom den Salomon von dem weybe des Vrie.
Salmon hat gepom den Roboam.
Roboam hat gepom den Abia.
Abia hat gepom den Assa.
Assa hat gepom den Josaphat.
Josaphat hat gepom den Joram.
Joram hat gepom den Osia.
Osia hat gepom den Jotham.
Jotham hat gepom den Achas.
Achas hat gepom den Ezechia.
Ezechia hat gepom den Manasse.
Manasse hat gepom den Amon.
Amon hat gepom den Josia.
Josia hat gepom den Jechonia vnd seyne bruder/vmb die zeyt der Babylonischen gefencknis.
Nach der Babilonischen gefencknis/hatt Jechónia gepom den Sealthiel.
Sealthiel hat gepom den Zorobabel.
Zorobabel hat gepom den Abiud.
Abiud hat gepom den Eliachim.
Eliachim hat gepom den Asor.
Asor hat gepom den Zadoch.
Zadoch hat gepom den Achin.
Achin hat gepom den Eliud.

A Eliud hat gebom

Nuevo Testamento de Martin Lutero.

Las enseñanzas de la Biblia han influido fuertemente en las iglesias protestantes de Europa del Este. Un servicio en la Iglesia húngara reformada en Rumania.

la gente pudiera leer en alemán. La traducción e impresión de la Biblia estaban rezagadas en relación con otros países europeos. Cuando se publicó la primera Biblia alemana, impresa en 1466, reflejaba el idioma y las técnicas de traducción de 200 años previos. La Biblia completa más antigua que ha sobrevivido en italiano data de principios del siglo XV; está escrita en toscano y deriva del latín vulgar. La primera traducción completa al español de la Biblia, la "Biblia del Oso", fue hecha en 1569 y todavía es la Biblia Protestante Española estándar.

Como resultado de la Reforma y el Renacimiento, se dio un gran paso hacia adelante. Del siglo XVI al XX nuevos descubrimientos de manuscritos permitieron traducciones habituales al alemán, francés, holandés, sueco, danés, noruego, feroé, italiano, español, rumano, eslovaco, búlgaro y otros. Estas traducciones emanaban de las alas tanto católica como protestante de la Iglesia. Algunas veces las traducciones competían entre sí con muy poco espíritu ecuménico.

Que el sol al levantarse, te encuentre con la Biblia entre las manos.

EVAGRIUS DE PONTUS (*ca.* 305-400), ERMITAÑO Y ESCRITOR ESPIRITUAL

La Biblia y la Iglesia ortodoxa

La iglesia ortodoxa tiene una gran influencia en Europa desde sus orígenes en el siglo IV. Igual que la iglesia católica, con la que tiene muchas similitudes, la iglesia ortodoxa no le reconoce a la Biblia la importancia central que tiene entre los protestantes. Además, insiste en que la Biblia sólo puede comprenderse completamente dentro del contexto de la comunidad de fieles que le da su autoridad, autenticidad e inspiración.

Asia y Australasia

El trabajo de traducir y publicar la Biblia en Asia y Australasia ha sido una tarea colosal, pero se ha hecho un gran avance en el siglo XX al igual que en China e India.

Asia es un vasto continente. La influencia de la Biblia ha estado asociada con la expansión misionera que tuvo lugar a finales del siglo XVIII y a principios del XIX. A menudo, la Biblia desempeñó un prominente papel en esta evangelización, pues los primeros misioneros tradujeron fragmentos, según las necesidades de los pueblos locales.

La labor de Hudson Taylor a fines del siglo XIX puso los cimientos para la actividad misionera en China.

China

En 1807, Robert Morrison fue el primer misionero protestante en China y se le permitió quedarse sólo porque trabajaba como traductor para la Compañía de las Indias Orientales. En su tiempo libre tradujo la Biblia y escribió un diccionario. El legado de su trabajo fue continuado por Hudson Taylor que fundó la Misión Tierra Adentro de China en 1865.

Durante mucho tiempo, China estuvo cerrada a la influencia cristiana externa, incluso hoy, la iglesia oficial está muy controlada por el gobierno. Durante décadas fue necesario contrabandear ejemplares de la Biblia, pero se redujeron las restricciones en 1980. Las universidades teológicas recibieron algunos miembros y la Biblia pudo imprimirse junto con otras formas de literatura cristiana, para estudiarla y difundirla. Mientras tanto, el trabajo de traducción e impresión continúa. La Biblia, o parte de ella, se consigue en 58 lenguas o dialectos chinos.

India

En 1793 el misionero bautista William Carey llegó a India.

Actualmente, la Biblia también ha sido traducida en Asia, parcial o completamente en más de 800 lenguas y dialectos. La Biblia completa se consigue en 126 idiomas en Asia y las islas del Pacífico, y el Nuevo Testamento en más de 300.

Junto con sus asistentes tradujo el Nuevo Testamento al bengalí. En 30 años, algunas partes de la Biblia habían sido traducidas a 37 idiomas. Este trabajo de traducción continuó a lo largo del siglo XIX y llegó hasta el XX. En una cultura predominantemente hindú era inevitable que los cristianos en India mantuvieran y adaptaran costumbres y tradiciones de la cultura circundante. El trabajo de traducción, enseñanza y difusión del mensaje de la Biblia debe ser entendido en este contexto. La Biblia, o parte de ella, ha sido traducida a más de 140 lenguas y dialectos hindúes.

> *La teología de la compasión es la teología del amor sin condición. No predetermina cómo y cuándo Dios debe hacer el trabajo de salvación. No supone que Dios dejó Asia en manos del poder pagano y que no vino hasta que los misioneros llegaron de Occidente.*
>
> CHOAN-SENG SONG, TEÓLOGO TAIWANÉS

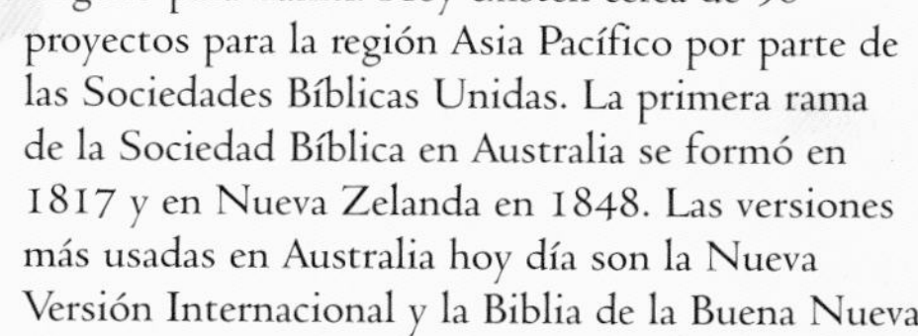

La Biblia en Australasia

En 1818, el primer libro de la Biblia que se publicaría en algún idioma del Pacífico fue un Evangelio para Tahití. Hoy existen cerca de 90 proyectos para la región Asia Pacífico por parte de las Sociedades Bíblicas Unidas. La primera rama de la Sociedad Bíblica en Australia se formó en 1817 y en Nueva Zelanda en 1848. Las versiones más usadas en Australia hoy día son la Nueva Versión Internacional y la Biblia de la Buena Nueva.

La Sociedad Bíblica en Australia publica Biblias en inglés así como en lenguas nativas y de la Isla Torres Strait; contribuye con la traducción, edición y composición tipográfica de los materiales bíblicos tanto en lenguas australianas como regionales. La primera Biblia completa en lengua nativa será la Biblia Kriol, que estará terminada entre 2003 y 2004.

Parte de la congregación en una pequeña iglesia de las Islas Cook.

Pintura

Durante siglos el arte ha propiciado que la gente exprese sus sentimientos sobre temas bíblicos, así como la profundidad de su fe. Mientras que algunos han pintado con gran compromiso hacia la Iglesia, otros han trabajado fuera de la comunidad cristiana.

Algunas excavaciones de las iglesias y sinagogas que datan del siglo III e.c. en adelante, muestran que la pintura de escenas del Antiguo y el Nuevo Testamento era común en los primeros tiempos. El arte se usaba en las catacumbas en los siglos III y IV tanto para ilustrar como para interpretar las historias bíblicas. En particular, las historias como las de el arca de Noé y Daniel en la jaula de los leones se usaban para anticipar el ministerio de salvación y curación de Jesús.

Edad Media

Durante los siglos XI y XII, el estilo románico de pintura y arquitectura apreciaban la representación narrativa y simbólica de los temas cristianos. Por ejemplo, la encarnación era vista como el punto más elevado de la cultura humana con significado universal para todos los tiempos. Los manuscritos iluminados y los frescos eran característicos de la época. Durante el periodo gótico de los siglos XIII al XV, la pintura se encaminó a un mayor realismo, pero es notorio que muchos temas antes populares como el nacimiento, vida y muerte de Jesús están ausentes en este periodo.

Renacimiento

Los artistas del Renacimiento pintaban y esculpían con mayor realismo, buscando inspiración en las esculturas clásicas. Este realismo es evidente en la pintura de Donatello titulada *Resurrección*, en la que un modesto Jesús, apenas cubierto, surge de la tumba para

Rembrandt van Rijn

Rembrandt (1606-1669) trabajó en el escenario de la Reforma. Sus pinturas de escenas del Antiguo y el Nuevo Testamento son muy emotivas; expresan su historia personal y la de la raza humana. En sus últimas pinturas de la crucifixión, Rembrandt, a través de sus propios juicios, participó en el sufrimiento de Jesús.

La Iglesia fue el patrón principal de las artes de la Europa medieval. *La caída del hombre y La expulsión del Edén* (1508-1512), de Miguel Ángel Buonarroti (1475-1564) del techo de la Capilla sixtina, Vaticano, Roma.

recordarnos que su sufrimiento y su muerte son verdaderos. Las representaciones a gran escala de Miguel Ángel de la Creación y el Juicio final en la Capilla sixtina son celebraciones del cuerpo humano.

Arte moderno

Las acuarelas y grabados de William Blake de los siglos XVIII y XIX, especialmente sus relieves para el libro de Job, están imbuidos de fascinación y poder. Los prerafaelistas del siglo XIX representaron los temas bíblicos con autenticidad en un estilo altamente realista. En el siglo XX, Graham Sutherland (1903-1980) señalaba que nadie puede comprender la crucifixión excepto a la luz de Auschwitz. Su pintura de la crucifixión en la catedral de Coventry funde poderosamente el simbolismo con el realismo. Georges Roualt (1871-1958) tenía mucha influencia de la tradición de iconos en sus retratos de Jesús, mientras que sus paisajes muestran la salvación y la presencia de Cristo. La obra de Marc Chagall (1887-1985) en pintura, grabado y vitrales sugieren la soledad del sufrimiento y la reafirmación de la esperanza.

Rembrandt experimentó la pasión y el dolor, la riqueza y la pobreza, el éxito y el rechazo. Y transformó estos sentimientos en los trazos de sus pinceles con tal potencia que muy pocas personas pueden ver sus pinturas sin conmoverse. Parte de su fuerza reside en que nos alcanzan donde estemos, escarbando en el terreno de la vida.

HELEN DE BORGHGRAVE,
VIAJE HACIA EL ARTE CRISTIANO

Música

Desde la época del Antiguo Testamento, la música ha acompañado la liturgia y el culto judeo-cristiano.

Si bien la Biblia no indica las melodías utilizadas por el pueblo judío y los primeros cristianos, contiene un tesoro lírico que se valoró en tiempos del exilio judío y del culto cristiano primigenio.

Salmos e himnos

Por siglos, la Biblia ha sido utilizada en la música occidental para acompañar y engrandecer los ritos cristiano y judío, por las congregaciones en forma de himnos y salmos. Los salmos en el Antiguo Testamento se cantaban en comunidad, en ocasiones especiales y durante las fiestas de Pascua, así como en el culto normal en el Templo. Pablo, en su carta a los efesios, nos dice que los primeros cristianos "cantaban salmos, himnos y canciones espirituales".

Las principales confesiones cristianas han hecho amplio uso del Magnificat y del Benedictus en su culto. Gran parte de la misa romana católica se toma directamente de la Biblia, lo que resultó irresistible para músicos como Mozart y Verdi, e inspiró su música más sublime.

Música medieval litúrgica

La figura más importante en la música medieval litúrgica fue el Papa Gregorio I, quien tenía una colección de cantos que asignaba a distintas ocasiones: los cantos gregorianos. Esta música era sierva de la fe, pues no interpretaba el texto sino creaba la atmósfera correcta para que la mente y el corazón

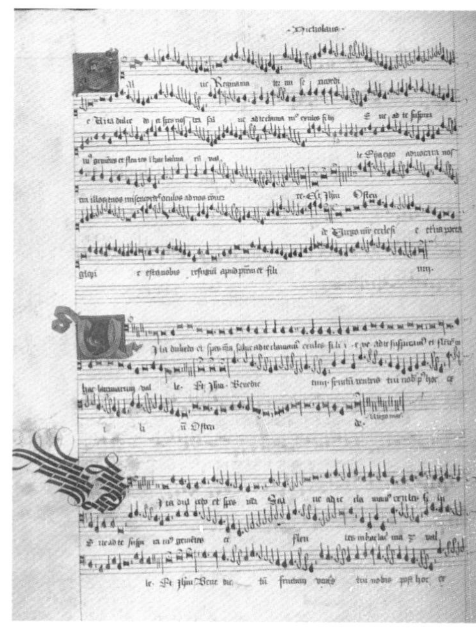

Página de un libro de antífonas producido para la Universidad de Eton a principios del siglo XVI.

Johann Sebastian Bach (1685-1750) expresó su fe cristiana en su música. *Johann Sebastian Bach* (ca. 1720), de Johann Jakob Ihle (1702-1774).

fueran receptivos a la fe religiosa y a la devoción pía.

Antífonas, motetes y oratorios

Cerca del año 1 000 e.c., la monofonía (una sola voz) fue sustituida por la polifonía (múltiples voces) permitiendo una interpretación más compleja de los temas bíblicos. Esto llevó al desarrollo de antífonas y motetes —formas musicales complejas diseñadas para coros y no para la congregación de fieles. Los motetes más notables fueron escritos en el siglo XIX por Johannes Brahms, como el que escribió para el Salmo 51. Antes, en el siglo XVIII, J. S. Bach compuso cantatas, para acompañar lecturas selectas del *Lectionarium*. El oratorio es una forma musical dramática, en su tiempo casi se convirtió en una ópera sagrada: *El mesías* de Händel, el más popular de todos los oratorios religiosos, es una amplia disertación sobre los versículos del Antiguo y del Nuevo Testamento.

> *No estoy seguro de si los ángeles tocan sólo a Bach para adorar a Dios. Estoy seguro, sin embargo, que en* famille *tocan a Mozart.*
>
> KARL BARTH, TEÓLOGO PROTESTANTE SUIZO

Óperas bíblicas y música secular

En el siglo XVII se escribieron diversas óperas con temas bíblicos, la mayoría de ellas de autores católicos como Charpentier, quien escribió *David y Jonatán* (1688). El siglo XIX vio muchas óperas bíblicas: el *Moisés en Egipto* de Rossini; *La reina de Saba*, de Guonod; y *Herodías* de Massenet. Existe gran profusión de música bíblica secular, incluyendo el *Job: Una máscara para bailar*, de Ralph Vaughan Williams y *Schelomo* (*Salomón*) de Ernest Bloch para violoncello y orquesta.

Literatura

La influencia de la Biblia y su cosmovisión en la literatura moderna ha sido inmensa y compleja. Se ha sentido más agudamente en cuanto a la alusión y motivos bíblicos que en el lenguaje real o trama narrativa.

Con los siglos, la Biblia y su visión del mundo ha tenido un impacto inmenso y complejo en la literatura. Hasta la era moderna, todos los escritores escribían con la visión del universo aceptada por el cristianismo, pero desde el siglo XIX, la contribución cristiana a la literatura ha sido más difícil de identificar, siendo más subjetiva y alusiva. Es la literatura moderna la que veremos.

El cielo vacío

Los escritores nihilistas del siglo XX, como Jean Paul Sartre y Albert Camus, junto con los dramaturgos del absurdo, Beckett y Pirandello, llevaron a cabo un argumento de toda la vida con la visión de la Biblia, señalando lo que ellos consideraban un cielo vacío. La obra de Beckett *Waiting for Godot* [*Esperando a Godot*], una de las piezas más sobresalientes del antidrama en el siglo XX, está plena de nostalgia por el mundo de la Biblia con Vladimir, uno de los personajes que espera a Godot, quien se pregunta por qué sólo uno de los evangelistas mencionaba al ladrón arrepentido mientras trata de recordar un versículo de los Proverbios. Dada la futilidad de la existencia de Vladimir, la idea resulta entretenida.

Escena de la obra *Esperando a Godot*, Barbican Theatre, Londres, 1999.

La agonía, entonces, es la lucha. Y Cristo vino a traernos agonía... y no trajo paz. Él nos los dijo así: "No piensen que he venido a traer la paz en la Tierra"... ¡Cristo, nuestro Cristo! ¿Por qué nos has abandonado?

MIGUEL DE UNAMUNO

Un Jesús alternativo

Mención aparte merecen muchos intentos en la literatura moderna por presentar acercamientos alternativos de la persona de Jesús. En *The Last Temptation of Christ* [*La última tentación de Cristo*], el escritor Nikos Kazantzakis muestra a un Jesús tentado de cambiar la cruz por una vida de concupiscencia. Cuando este libro se adaptó al cine se sugirió un vínculo sexual entre Cristo y María Magdalena que ofendió a los cristianos. Otro tipo de ofensa se produjo con la serie de radiodramas de Dorothy L. Sayers, *The Man Born to be King* [*El hombre que nació para ser Rey*] que se transmitió en 1943 durante la angustia de la Segunda guerra mundial. Sayers ubica sus obras en la Palestina del primer siglo, pero hace que sus personajes hablen en lenguaje coloquial actual. Esto impresionó a los cristianos que aún vivían en el mundo de la versión autorizada y de voces discretas en la iglesia.

A mediados del siglo XX surgieron una serie de novelas en norteamérica con un tono apocalíptico en los densos ambientes sociales y personales que describían. Entre ellas están *Grapes of Wrath* [*Las viñas de la ira*], *East of Eden* [*Al este del Paraíso*] de John Steinbeck; *Fire Next Time* [*El fuego la próxima vez*] de James Baldwin, y *Go Down, Moses* [*Desciende Moisés*] de William Faulkner. Las alusiones bíblicas que ocupan gran parte de estas novelas tal vez se usaron para infundir peso y gravedad a su tono apocalíptico.

Cine

El exceso de familiaridad es el gran problema de quien recrea en el cine a Jesús o algún evento bíblico, como el éxodo o los diez mandamientos. Las películas con temas bíblicos tienden a ser melodramáticas y sentimentales.

Durante siglos, los temas bíblicos y de Jesús han sido representados frecuentemente en pinturas, esculturas y vitrales; desde la invención del cine en 1890, han tenido lugar en las pantallas cinematográficas. La primera película sobre Jesús fue *La pasión* (1897), seguida por una película estadounidense sobre Jesús, *La obra de la pasión de Oberammergau*, que se filmó, a pesar de su título, en un techo de Manhattan. Estos primeros esfuerzos por presentar a Jesús se toparon con una fuerte oposición por parte de la Iglesia y de grupos cristianos locales, pues creían que tenían el monopolio sobre todo lo relacionado con la figura central del cristianismo, creencia remarcada cuando se estrenó, en 1912, *Del pesebre a la cruz*.

Épica bíblica

Los cineastas se enamoraron de la épica bíblica porque los temas eran populares y daban la oportunidad de contar una historia de largo aliento. Cecil B. De Mille y su *Rey de reyes* (1927) fue el primero en el género, pero también tenía el serio motivo de exonerar a los judíos de toda responsabilidad por la muerte de Jesús culpando sólo al sumo sacerdote. Esta película se estrenó justo al final de la era del cine mudo.

Quo vadis (1951) le dio a Jesús un papel menor y se concentró en el martirio de Pedro y en los primeros cristianos. La película salió en la edad dorada de la épica bíblica. En *Rey de reyes* de Nicholas Ray (1961), Jesús no tenía noción de su misión personal, mientras que *Ben Hur* fue más memorable por su carrera de carros que por su importancia espiritual.

> *Ubicar una película de Jesús en medio de un acto de juglares, bailes y canciones de Broadway. Es algo carente de gusto y artísticamente malo.*
>
> CRÍTICA DE CINE DE *DEL PESEBRE A LA CRUZ*, 1912

En los setenta, surgieron dos películas sobre Jesús basadas en obras de teatro. En *Jesucristo superestrella* (1973), Pilato refleja el espíritu posmoderno de la época cuando no sólo pregunta: "¿Cuál es la verdad?", se cuestiona aún más: "Ambos tenemos verdades. ¿Es la mía la misma que la tuya?". *Godspell* se refleja el rechazo de las instituciones de la época cuando se presenta a Jesús como un payaso; en *Gospel Road*, hecha también en los setenta, Jesús era un malabarista.

Un último ejemplo muy interesante es el de Monty Python *La vida de Brian* (1979) que es una aguda propuesta de la épica bíblica y de la política en la Palestina del primer siglo. Con sus palabras altisonantes y un episodio de desnudo total, la película incomodó a algunos cristianos. Pero este filme no hacía escarnio de Jesús sino del tipo de multitudes que iban en busca del mesías por toda Palestina. El título se refiere a un palestino revolucionario que fue confundido con un profeta.

Escena de *Rey de reyes* (1927) de Cecil B. de Mille. Interpretación de la vida de Jesús.

El Corán y la Biblia

Las Escrituras judías, la Biblia cristiana y el Corán musulmán tienen fuertes vínculos. Los musulmanes llaman a los fieles de estas religiones "la gente del Libro".

El libro sagrado de los musulmanes, el Corán, señala en repetidas ocasiones que existe una línea directa de revelación entre este libro y los libros sagrados de los judíos y los cristianos (la tradición judeo-cristiana). Reconoce que estas dos religiones, junto con la musulmana, son las "religiones del Libro", puesto que Alá (Dios) entregó los libros sagrados de las tres religiones a los santos profetas. Estos libros sagrados se reconocen en el Corán especialmente en *Tawrat* (Torá), el *Zabur* (Salmos), y el *Injil* (Evangelio). A los judíos y cristianos se les invita a vivir a la luz de lo que los libros sagrados muestran como el sendero espiritual.

El Corán

Aunque los musulmanes creen que el Corán y la Biblia fueron revelados por Alá, presentan marcadas diferencias en la comprensión de figuras y eventos religiosos clave. El Corán, de acuerdo con sus seguidores, ofrece una interpretación más completa y amplia de la mente de Alá. En lo que se refiere a las enseñanzas de la ley mosaica, el Corán aclara que algunas medidas se tomaron debido a la rebelión de la gente; por lo tanto, están incompletas o rebasadas por una revelación superior. Jesús suavizó algunas de estas medidas y el profeta de Alá (Mahoma) las

Un niño de Arabia Saudita lee el Corán.

> *Creemos en Alá y en que nos fue enviado, en Abraham, Ismael, Isaac, Jacob y en las Tribus de Israel y en lo que fue dado a Moisés y a Jesús y en lo que fue dado a todos los profetas por parte de su Señor. No hacemos diferencias entre ninguno de ellos puesto que a Alá nos sometemos.*
>
> CORÁN 2:136

aligeró aún más. Para los musulmanes, el Corán presenta a Mahoma como la última y definitiva revelación, por medio de ella, todas las demás revelaciones divinas han de ser juzgadas. Cuando hay conflicto en las revelaciones, el Corán funciona como árbitro.

Diálogo

Durante algún tiempo, se ha llevado a cabo el diálogo entre musulmanes y cristianos con base en un paciente estudio de las Escrituras de cada uno. Como resultado, muchos cristianos han llegado a advertir una gran afinidad entre sus Escrituras y el Corán en muchos aspectos. Al mismo tiempo, los musulmanes han llegado a entender muchas de las Escrituras judeo-cristianas a las cuales su propio Corán hace referencias continuas. Ambos grupos han llegado a apreciar la gran yuxtaposición entre los libros sagrados. Un entendimiento mutuo de esto sólo puede producir a una mayor tolerancia entre ellos.

Tahrif

El Islam ha buscado lidiar con las discrepancias entre el Corán y otras Escrituras a través de la noción de *tahrif*. Ésta señala que la gente del Libro más vieja ha cambiado o corrompido sus libros sagrados de tal forma que sus enseñanzas ya no concuerdan con el Corán. En más de una ocasión el Corán los acusa de alterar los libros sagrados con el fin de ajustarlos a sus propios fines. Sin embargo, no queda muy claro si se refiere a corromper (cambiar) deliberadamente el texto o simplemente a modificar su significado. La queja final contra judíos y cristianos es que han utilizado erróneamente sus libros sagrados.

La Biblia y el judaísmo

Una vez construido el segundo templo de Jerusalén, las Escrituras tenían ya un lugar en el corazón de la vida religiosa judía. Los agregados rabínicos posteriores, (la Torá oral), recibieron autoridad notable a través del tiempo.

Actualmente, el judaísmo es con mucho una religión del Libro, pero no siempre fue así. Antes de que los judíos fueran condenados al destierro de Babilonia en 586 a.e.c. su fe se centraba en el ciclo de la vida humana (nacimiento, matrimonio y muerte) y en los principales eventos durante el año agrícola. Ocasionalmente los profetas aparecían entre la gente para predicar la palabra de Dios, mientras las visitas especiales de los sacerdotes al templo de Jerusalén les daban la oportunidad de transmitir sus enseñanzas a la gente, especialmente la Torá.

Salomón dicta los Proverbios. *De Bible Historiale*, 1357.

Escritura en el corazón

Entre el tiempo en que se construyó el segundo templo de Jerusalén (538 a.e.c.) y la destrucción del templo de Herodes (70 e.c.), hubo un consenso general en cuanto al canon de la Escritura y se le dio a ciertos libros una gran autoridad espiritual dentro de la comunidad. Para el año 70 e.c el Pentateuco, profetas y las Escrituras, incluyendo algunos Salmos, estaban ubicados como la base del canon.

Un factor determinante en todo esto fue el sentimiento de que Dios ya no hablaba directamente al pueblo a través de sus mensajeros, los profetas. La voluntad de Dios para el pueblo ya había sido revelada, sobre todo a través de la Ley y los profetas, y todos los principios estaban en su lugar para que la gente viviera agradando a Dios. Mientras la gente empezaba a estudiar la Torá escrita en las escuelas adjuntas a las sinagogas, las festividades habituales empezaron a tener una significación religiosa mayor y disminuyó su sentido agrícola. Estas fiestas se vinculaban a eventos del pasado de Israel, como la creación del mundo, la institución del día del šabat, el éxodo de Egipto y la entrega de la ley del monte Sinaí. Los recuentos de las Escrituras de estos eventos se leían como parte de las celebraciones de las festividades.

Repasa la Torá una y otra vez ya que todo está en ella. Envejece y desgástate con ella y no te remuevas que no hay mejor regla que ella.

LA MIŠNÁ

Comentarios sobre las Escrituras

En los años posteriores a la destrucción de Jerusalén, el desarrollo más importante fue el crecimiento del judaísmo rabínico, un movimiento que domina el judaísmo hasta el día de hoy. El primer documento que surgió de este movimiento fue la mišná, producido alrededor del año 200 e.c. Éste codificaba la ley judía en relación a la agricultura, el papel de las mujeres, el pago de daños y el tratamiento de las cosas santas. La mišná se estudió más adelante y originó dos talmuds (comentarios sobre la mišná) de Palestina y Babilonia. La enseñanza de las grandes sagas judías estaba en la mišná y en los talmuds, desde el siglo II al siglo VI; abarcaban una gran variedad de temas. Se hicieron comentarios sobre el Pentateuco completo, los cinco rollos (Rut, Ester, Cantar de los cantares, Lamentaciones y Eclesiastés), con lo que quedó de la Biblia hebrea, llamada *Midrashim*.

Aunque los trabajos rabínicos no poseían la autoridad de una Escritura, especialmente la Torá, tuvieron gran influencia entre la comunidad judía. Aún hoy, los debates y disputas dentro de la comunidad, se arreglan, de preferencia, consultando este vasto cuerpo de documentos antiguos.

Feminismo

Desde la década de los sesenta existe un fiero debate acerca de si la Biblia ha sido causa principal de la sumisión de las mujeres y si esta subordinación se mantiene por las estructuras que aún hoy se encuentran en las sociedades judía y cristiana.

En décadas recientes surgió un gran cambio en gran parte del mundo occidental en cuanto a la condición y función de la mujer. Una mejor educación y capacitación han mejorado las oportunidades en el trabajo. Esto ha llevado a muchos a desafiar la enseñanza derivada de la Biblia acerca del lugar de las mujeres, sin duda porque virtualmente todos los estudios de la Biblia durante casi dos siglos han estado en manos de hombres.

La tesis feminista

En 1837, Sarah Grimke sugirió que la interpretación bíblica estaba orientada de forma deliberada contra las mujeres para mantenerlas bajo sumisión. Esto fue apoyado en 1895 por la publicación de *La Biblia de las mujeres*, una serie de ensayos que desafiaban la idea de que las normas culturales, morales y religiosas de la Biblia se podían aplicar invariablemente a la vida moderna. Sólo se abrió un debate serio referente al tema durante la lucha por los derechos de las mujeres que tuvo lugar en los sesenta. La crítica se concentraba en la situación y la condición de las mujeres dentro de las tradiciones religiosas judía y cristiana y la parte que desempeñaba la Biblia al mantener esa situación de desigualdad.

> *Las mujeres cuyas vidas han sido moldeadas por el feminismo no pueden seguir leyendo los antiguos textos de las Escrituras y las tradiciones patriarcales de manera literal y anticuada.*
>
> NICOLA SLEE, FEMINISTA, TEÓLOGA Y ESCRITORA BRITÁNICA

Esta indagación en el papel que desempeñó la Biblia se ha centrado en cinco áreas principales:

- la necesidad de descubrir más sobre la situación y papel de la mujer en las culturas bíblicas. Todavía tenemos muy pocos datos;
- la búsqueda de una imagen

más completa y equilibrada de la verdadera enseñanza de la Biblia acerca de aspectos relacionados con el género;

◆ la proliferación de interpretaciones de los textos bíblicos para mostrar que no necesariamente presentan una visión negativa del papel de la mujer. Phyllis Trible y Elizabeth Schussler Fiorenza, argumentaron que cuando Pablo pedía silencio a las mujeres en el culto cristiano era en respuesta a un problema local particular y no pretendía lograr la dominación de las mujeres;

◆ desarrollar una imagen más completa de Dios en la Biblia por medio de imágenes femeninas. Sin embargo, Dios está más allá de las categorías masculina y femenina, aunque éstas puedan ser útiles espiritualmente;

◆ hacer traducciones renovadas de la Biblia para reducir el abuso en el lenguaje de género.

Algunas feministas concluyen que la Biblia es sexista. Sus experiencias con la Iglesia y su percepción de la esencia patriarcal de la Biblia, excluyen cualquier compromiso de su parte con las comunidades cristiana y judía. Muchas mujeres consideran a la Biblia como una autoridad y siguen activas dentro de su iglesia o sinagoga. Pero, a veces, la cuerda en la que caminan es muy incómoda.

Mujeres dirigiendo un servicio en una iglesia de Guatemala.

Posmodernismo

El posmodernismo es uno de los movimientos filosóficos más importantes de los siglos XX y XXI; como tal, tiene un tremendo efecto en la forma en que la gente percibe la religión en general y la Biblia en particular.

Algunos ven la cultura vanguardista de los años veinte como los primeros brotes del posmodernismo, mientras que Arnold Toynbee, uno de los primeros en usar el término, indagó más en la crisis de la modernidad del siglo XIX, que se hizo evidente después de la Primera guerra mundial.

Modernidad y grandes narrativas

"Modernidad" remite a las tendencias en filosofía, política y cultura desde la Ilustración del siglo XVIII. Los modernistas creían en la idea del progreso y buena parte de la filosofía y la religión compartían este optimismo: la ciencia, el marxismo y el cristianismo intentaban explicar todo y prometían soluciones a los problemas del mundo. Así, la idea de progreso se ligaba a lo que los posmodernistas llaman grandes narrativas: sistemas de creencias abarcadores que claman legitimidad y autoridad universales. Pero, por diversas razones, como la bomba atómica, la crisis ecológica y la caída del marxismo, estas grandes narrativas se han colapsado. Al mismo tiempo, la globalización ha llevado a la proliferación de signos, los mensajes y símbolos con los que nos bombardean los medios día con día. Estos signos han perdido el poco contexto que alguna vez tuvieron: podemos elegir nuestros estilos de vida y nuestras religiones; cuando nos cansamos de una,

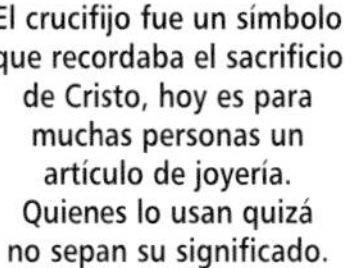

El crucifijo fue un símbolo que recordaba el sacrificio de Cristo, hoy es para muchas personas un artículo de joyería. Quienes lo usan quizá no sepan su significado.

> *El modernismo rompió la unidad y el posmodernismo ha disfrutado los fragmentos.*
>
> TODD GITLIN, ESCRITOR ESTADOUNIDENSE

podemos elegir otra. Imágenes como la de la cruz del cristianismo, "flotan libremente", lo que significa que no son más que simples piezas de joyería; no nos remiten a ningún significado. Del mismo modo, la Biblia sólo es un libro entre muchos otros, cuyo clamor por la verdad universal no es factor suficiente en un mundo relativizado. Ésta es la condición en la que los posmodernistas dicen que el mundo se encuentra: no es un mundo sin religión, sino un mundo lleno de símbolos religiosos que compiten entre sí y estilos de vida que ya no pueden clamar nuestra fidelidad por mucho tiempo.

El posmodernismo se encuentra a gusto en la literatura producida por los pensadores franceses, como Emmanuel Levinas y Jacques Derridá. También se expresa notablemente en el mundo de la arquitectura moderna, en el mundo artificial y superficial de la transacción comercial, los centros comerciales, los supermercados y el concreto. Esta superficialidad del posmodernismo es un comentario cáustico sobre los sueños y esperanzas del humanismo y liberalismo secular.

El posmodernismo y la Biblia

En cuanto al enfoque del posmodernismo sobre la Biblia, se deben tener en cuenta estos tres principios:

- la importancia del lenguaje en la construcción de nuestros mundos;
- el acervo cultural e ideológico de la Biblia, los cuales oscurecen su verdad para la gente moderna;
- debe mostrarse una desconfianza saludable hacia las grandes narrativas o teorías que intentan explicar totalmente la realidad.

La Biblia en la era electrónica

Los medios electrónicos ejercen un efecto considerable en los estudios bíblicos y con seguridad esta influencia aumentará en el futuro.

El estudio moderno de los textos de la Biblia se está transformando por la revolución del microchip. En particular, los medios electrónicos pueden ser de gran utilidad para organizar, almacenar y publicar información sobre textos bíblicos. Las bases de datos lingüísticas y las herramientas de consulta están disponibles para desvelar muchos de los misterios remanentes de los textos en la Biblia.

Trabajar en el texto

Los programas de computación pueden ayudar a los estudiosos a reconstruir textos completos a partir de los fragmentos de manuscritos, casi de la misma forma en que se reconstruyen las vasijas de cerámica a partir de pequeños trozos de material. Estos programas también pueden ir más allá y sugerir vínculos entre manuscritos diferentes, permitiendo a los estudiosos reconocer parecidos "familiares" entre manuscritos antiguos, una etapa necesaria para tener una completa comprensión de los textos bíblicos.

Edición de textos

Tener el texto en forma electrónica resulta útil pues permite editar, investigar, grabar y desplegar la información. De esta forma, se pueden analizar y examinar palabras, cláusulas, oraciones, párrafos y otras formas literarias. Ya se ha construido un cuerpo considerable de información en cuanto a las Escrituras judías, la Septuaginta y el Nuevo Testamento.

Construcción de la concordancia

La concordancia es uno de los elementos más importantes para un estudio formal de la Biblia. Tradicionalmente, estas concordancias han estado en forma de libro y "rastrean" una sola palabra entre los diversos textos bíblicos. Tal

Aun en partes remotas del mundo, la computadora es una herramienta útil para estudiosos de la Biblia. Un sacerdote ortodoxo en Kazajstán.

vez la aportación más importante de la computación al estudio de la Biblia es la construcción de una concordancia dinámica del texto bíblico. Además, los programas de computación pueden buscar matices mucho más sutiles, como el uso de dispositivos gramaticales en un libro que el autor ha usado para crear un determinado efecto.

En la actualidad existe *software* para su uso en el campo de las humanidades, pero hay que reconocer que los estudiosos de la Biblia han sido lentos en adoptar y hacer uso de esta nueva herramienta. A medida que estos programas se vuelvan más complejos, la computadora tendrá un efecto mucho más profundo en nuestra comprensión de la Biblia. Las tendencias hacia el almacenamiento de gran cantidad de información en un solo disco, hacen que este recurso sea capaz de contener hasta 150 libros, y la aparición de microcomputadoras más pequeñas y poderosas sólo puede asegurar un mejor aprovechamiento de éstas en los estudios religiosos.

Glosario

A

Aarón: hermano mayor de Moisés; primer Sumo Sacerdote de Israel; ayudó a Moisés a pedir al faraón la liberación de los israelitas.

Abdías: "sirviente o adorador de Dios"; libro más breve en el Antiguo Testamento; data de poco después del inicio del exilio en 587 a.e.c.

Abraham: principal receptor de las promesas de Dios a la nación judía en el Viejo Testamento; la primera figura patriarcal de Israel.

Ageo: profeta del siglo VI a.e.c; preocupado de que el Templo en Jerusalén debía reconstruirse después del exilio.

Ajab: rey de Israel desde el año 874 a 852 a.e.c; casado con Jezabel que quería introducir la idolatría de la deidad pagana Baal en Israel; tuvo diferencias con Elías el profeta.

Alá: Dios en el Islam.

Amós: profeta activo en Israel alrededor del 760 a.e.c; no fue popular pues profetizó la caída del reino a menos que se arrepintieran.

Antiguo Testamento: primera parte de la Biblia cristiana; comprende 39 libros, los mismos que en las escrituras judías pero en diferente orden.

Antioquía: ciudad siria; sede de la primera Iglesia cristiana importante que envió a Pablo en sus viajes misioneros.

Año nuevo: festividad judía al final del verano; marcada por el sonido de la trompeta de cuerno en la sinagoga; permite a los judíos la oportunidad de empezar de nuevo sus vidas; también se conoce como *Rosh Hashanah*.

Apocalipsis: último libro de la Biblia; contiene las visiones de la supremacía de Cristo que un hombre llamado Juan vio mientras estaba preso en la isla de Patmos.

Apócrifa: colección de libros de importancia secundaria incluidos en las Biblias católica romana y ortodoxa; algunas veces, se incluye entre el Antiguo y el Nuevo Testamento en las Biblias protestantes.

Apóstol: "el que es enviado"; nombre dado a los discípulos de Jesús después del Día de Pentecostés, pues fueron enviados al mundo a difundir el mensaje de Jesús y continuar su obra.

Apóstoles, Hechos de los: quinto libro en el Nuevo Testamento; continúa la historia justo donde se quedaron los Evangelios; describe el nacimiento y los primeros testimonios de la Iglesia; dominados por Pedro y Pablo.

Arameo: lenguaje muy cercano al hebreo; muy hablado desde el siglo VIII a.e.c. hasta el periodo del Nuevo Testamento; lenguaje cotidiano de Jesús y sus discípulos.

Arca de la Alianza: caja de oro colocada entre dos querubines en el Santuario de Santidades en el Templo; contenía los Diez Mandamientos, una jarra de maná y la vara de Aarón que floreció.

Asiria: país conocido ahora como Iraq; estableció el imperio más poderoso en el Medio Oriente durante los siglos VIII y VII a.e.c.

Azryá: Rey de Judá de 783 a 742 a.e.c.; conocido también como Azarías.

B

Baal: principal Dios de los cananitas; dios de la naturaleza y de la guerra; fue derrotado en un combate con Yahvéh iniciado por el profeta Elías en el Monte Carmelo.

Babilonia: ciudad en el Río Éufrates en lo que ahora es Iraq; centro de uno de los más grandes imperios.

Bernabé: líder judío chipriota en la iglesia primitiva; tuvo un importante ministerio; compañero de Pablo en un primer viaje misionero pero más tarde se separó de él.

Bautismo: inmersión en agua; originalmente era una práctica judía; adoptada por la Iglesia primitiva como una ceremonia de iniciación.

Base, comunidades de: grupos de civiles en países de América Central y del Sur que se reúnen para estudiar su propia situación a la luz de la Biblia.

Belén: pueblo nueve kilómetros al sur de Jerusalén; hogar del rey David y lugar de nacimiento de Jesús de acuerdo con la profecía de Miqueas.

Benedicto: nombre latino para la profecía de Zacarías, padre de Juan el Bautista, al celebrar el cumpleaños de su hijo; usado en el culto público tanto por la iglesia católica romana como por la anglicana.

Benjamín: hijo menor de Jacob; se quedó en casa mientras sus medios hermanos fueron a Egipto en busca de alimentos; agente para la reconciliación de sus medios hermanos con su hermano José.

Biblia: "Libros"; Escrituras cristianas que constan del Antiguo y del Nuevo Testamento, contiene 66 libros; escrituras judías que constan de 39 libros.

Biblia de Jerusalén: Biblia oficial de la Iglesia Católica Romana; publicada en 1966.

Biblia de las Buenas Nuevas: traducción muy exitosa de la Biblia publicada por primera vez en los años setenta.

C

Calvino, Juan: protestante reformista suizo, teólogo y fundador de iglesia; vivió de 1509 a 1564; líder de la reforma en Ginebra.

Canaán: tierra judía prometida; después fue llamada Israel.

Canon: "medida"; selección de libros a incluirse en las Escrituras; norma contra la cual se ponen a prueba el comportamiento y las creencias.

Cantar de los cantares: colección de poemas de amor en la sección de "Escritos" de las Escrituras judías; tradicionalmente se adjudica a Salomón aunque no hay nada que lo vincule.

Cartas católicas: Santiago, Pedro 1 y 2, Juan 1, 2, y 3 y Judas; con excepción de Juan 2 y 3, estas cartas del Nuevo Testamento se dirigen más a un público general que a una iglesia o persona en particular; también se conocen como epístolas universales.

Cena del Señor: término usado en algunas iglesias protestantes para la Sagrada Comunión.

Circuncisión: remoción de la piel exterior del pene el octavo día después del nacimiento; el más antiguo ritual judío que aún se practica hoy.

Ciro el Grande: emperador persa entre 539 y 530 a.e.c; conquistó Babilonia y alentó a los judíos exiliados a regresar a casa.

Crónicas 1 y 2: incluidas en las Escrituras hebreas; traza la historia de Israel desde Adán hasta el regreso de los judíos de Babilonia.

Colosos: carta del Nuevo Testamento; escrita quizá por Pablo desde la prisión en el 60 o 61 e.c.; trata de las falsas enseñanzas, la llamada "herejía de Colosos".

Comunión: acto central del culto cristiano donde se come pan y se bebe vino para conmemorar la muerte de Jesús.

Concilio de Cártago: concilio de la Iglesia en el 390 e.c. en el que se estableció formalmente el canon del Nuevo Testamento.

Corán: Libro musulmán sagrado.

Corintios 1 y 2: las cartas de Pablo a la Iglesia que fundó en Corinto; contienen enseñanzas clave sobre el amor y sobre la Iglesia como el cuerpo de Cristo.

Corte de Israel: tercer patio del Templo de Herodes, abierto sólo a los judíos varones.

Corte de las mujeres: segundo patio en el Templo de Herodes, abierto para hombres y mujeres judíos.

Corte de los gentiles: patio exterior en el Templo de Herodes, abierto tanto para judíos como para gentiles.

Corte de los Sacerdotes: patio interior del Templo de Herodes, exclusivamente para sacerdotes, excepto durante el Festival de los Tabernáculos, cuando a los hombres judíos se les permitía caminar alrededor del altar.

Credo: "buenas noticias" acerca de la resurrección de Cristo que los cristianos están comprometidos a compartir con otros.

D

Dalila: mujer filistea que traicionó a Sansón y lo entregó a los filisteos al persuadirlo para que le confiara el secreto de su fuerza.

Daniel: libro del Antiguo Testamento relacionado con la fe de Daniel y sus amigos; la segunda parte describe las visiones de Daniel.

David: el segundo y más grande rey que gobernó del año 1010 al 970 a.e.c; recibió la promesa de Dios de que su dinastía sería eterna; músico virtuoso y escritor de muchos salmos.

Débora: profetisa y una de las jueces de Israel; se piensa que la canción de Débora es una de las piezas de poesía hebrea más antigua que se conocen.

Decálogo: "diez palabras"; los diez mandamientos, o diez proverbios.

Deuteronomio: uno de los cinco libros del Pentateuco; cuenta con un resumen de la Ley que se encuentra en la Torá.

Deuteronomista: una de las cuatro fuentes originales para el Pentateuco; se encuentra casi exclusivamente en el Deuteronomio; se conoce como "D" en la crítica al Antiguo Testamento.

Día del perdón: día más serio en el año judío, durante el cual la gente busca el perdón de Dios a través del arrepentimiento, la oración y el ayuno; dura 25 horas; llamado también *Yom Kippur*.

Día de Pentecostés: día en que el Espíritu Santo fue dado a la Iglesia, como se registra en los Hechos de los Apóstoles; celebrado como el cumpleaños de la Iglesia cristiana.

Diáspora: 'dispersión'; la dispersión de los judíos por el mundo antiguo como resultado de su exilio por los babilonios.

Diez mandamientos: diez leyes dadas por Dios al pueblo judío a través de Moisés; abarca la relación de los individuos con Dios y las relaciones dentro de la comunidad.

E

Eclesiastés: libro de sabios proverbios sobre la falta del significado de la vida sin Dios; parte de las Escrituras judías.

Eclesiástico: una de las cuatro fuentes originales del Pentateuco; esta fuente se interesa casi exclusivamente en la liturgia, el sacerdocio y el culto; se conoce con el símbolo "P" en las fuentes críticas del Antiguo Testamento.

Efesios: carta escrita por Pablo a los cristianos en la ciudad griega de Éfeso; se concentra en la vida nueva y gozosa alcanzable a través de Cristo.

Ejud: juez zurdo que asesinó a Eglón, un rey moabita.

Elías: profeta activo en el reino del norte de Israel durante el siglo IX a.e.c; fiero oponente de reyes corruptos y de la importación de prácticas paganas en Israel.

Elisha: sucesor de Elías como profeta de Israel.

Eloísta: uno de las cuatro fuentes originales del Pentateuco; en esta fuente la palabra "Elohim" se usa como nombre divino; se pensaba que venía de los siglos IX y VIII; se distingue con la letra "E" en el Antiguo Testamento.

Épica de Gilgamesh: obra maestra de la literatura del Cercano Oriente famosa por su descripción de un diluvio universal que ocurrió mucho antes de lo que señala el Génesis.

Epístola: una de las cartas en el Nuevo Testamento, escrita por Pablo, Pedro, Juan y otros.

Epístolas de la prisión: efesios, filipenses, colosenses y Filemón: cuatro cartas que Pablo escribió mientras estaba en prisión.

Epístolas pastorales: nombre colectivo para las cartas del Nuevo Testamento de Timoteo I y 2, y Tito, que se refieren a temas pastorales dentro de la Iglesia.

Escritos: tercera división de las escrituras hebreas, comprenden los libros de Rut, Crónicas 1 y 2, Esdras, Nehemías, Ester, Job, Salmos, Proverbios, Eclesiastés, Cantar de los cantares, Lamentaciones y Daniel.

Esenios: grupo dentro del judaísmo palestino que existió del segundo siglo a.e.c. al año 70 e.c; formaron una comunidad en Qumrán, que produjo los rollos del Mar muerto.

Espíritu santo: tercer miembro de la Trinidad cristiana.

Ester: mujer judía que se convirtió en la reina del rey persa Jerjes y cuya fe resultó crucial para que los judíos escaparan de un complot para eliminarlos; libro incluido en las escrituras judías.

Eucaristía: "acción de gracias"; nombre dado por algunas Iglesias al acto central del culto cristiano, Santa Comunión.

Evangelio: "buenas nuevas"; nombre dado por la Iglesia Cristiana primitiva a cada uno de los cuatro libros en el Nuevo Testamento que cuenta la historia de Jesús.

Evangelios sinópticos: "mirada de conjunto"; Mateo, Marcos y Lucas, los tres Evangelios que tienen un enfoque similar de la vida de Jesús y tienen mucho material en común.

Éxodo: viaje de los judíos fuera de Egipto para pasar de la esclavitud a la libertad en la Tierra Prometida. Libro del Pentateuco que describe el escape de los judíos de la esclavitud en Egipto, bajo el liderazgo de Moisés.

Ezequías: rey de Judá del 715 al 687 a.e.c; buen rey que salvó a su país de ser incorporado al imperio asirio.

Ezequiel: sacerdote que profetizó el exilio de Babilonia; su nombre se le dio a un libro en el Antiguo Testamento que reafirma el mensaje de que Dios está con el pueblo aún en el exilio.

Esdras: Reformista clave en el judaísmo posterior al destierro, que estableció la Ley de Dios en una comunidad que había regresado a Jerusalén después del exilio en Babilonia.

F

Fariseos: grupo judío que surgió en el segundo siglo a.e.c; llevaban una estricta observancia de la ley judía; se opusieron a Jesús y fueron un instrumento de su muerte.

Filemón: Una de las cartas de Pablo más breves y personales; escrita a un líder de la iglesia en Coloso acerca de su esclavo fugitivo; urge a la conciliación y la compasión.

Filipenses: carta escrita por Pablo desde la prisión, probablemente a principios de los años 60 e.c.; muestra la cálida relación que existía entre el escritor y sus receptores.

Filisteos: Grupo que se mudó a una franja costera de Palestina en el siglo XII a.e.c.; se convirtió en el primer enemigo más poderoso de Israel.

Forma, Crítica de la: tipo de crítica sobre la Biblia aplicado tanto al Antiguo como al Nuevo Testamento que pretende descubrir qué material se había conformado durante el primer periodo de la vida de la Iglesia, cuando circulaba de boca en boca.

Fragmento muratorio: manuscrito latín incompleto de alrededor del año 190 e.c. que enlista ciertos libros del Nuevo Testamento y da una visión inquietante de los libros incluidos o excluidos del canon del Nuevo

Testamento en aquel tiempo; descubierto en 1740 en Milán.

G

Gálatas: epístola de Pablo a los cristianos en Gálata como respuesta a las falsas enseñanzas; es posible que haya sido escrita en el 48 e.c.

Galilea: área de tierra alta del norte de Palestina donde creció Jesús; Jesús pasó la mayor parte de su ministerio en la Baja Galilea.

Gedeón: uno de los jueces; guió a Israel durante 40 años; declinó ser rey; se comprometió con ídolos paganos.

Génesis: "inicios"; primer libro de la Biblia; cuenta la historia de la creación del mundo, el nacimiento de la nación judía con Abraham y la caída en la esclavitud egipcia.

Gentil: el que no es judío.

H

Habacuc: profeta del Antiguo Testamento en Jerusalén que pensaba que Dios estaba usando a los babilonios para castigar a Israel.

Hanukkah: festividad judía que celebra la limpieza del Templo en el segundo siglo a.e.c. por Judas Macabeo después de que había sido profanado por Antíoco IV Epifanes.

Hebreo: principal idioma del Antiguo Testamento; hablado en Israel durante gran parte del periodo del Antiguo Testamento; sustituido por el arameo para el uso cotidiano después del destierro.

Herodes el Grande: gobernante de Palestina del año 37 al 4 a.e.c; trató de matar al niño Jesús; construyó el tercer Templo en Jerusalén.

Hijo de Dios: título aplicado a Jesús en el Nuevo Testamento; enfatiza la divinidad de Jesús.

Hijo del hombre: descripción favorita que hacía Jesús de sí mismo; enfatiza su unidad con la raza humana.

I

Icono: pintura estilizada de Jesús, la sagrada familia o un santo, utilizada por los cristianos ortodoxos como elemento para la devoción.

Isaac: el hijo prometido a Abraham y Sara.

Isaías: profeta que vivió en Jerusalén en el siglo VIII a.e.c; el libro del Antiguo Testamento que lleva su nombre y que incluye, probablemente, profecías de dos o tres profetas, y tal vez sea mejor conocido por las profecías que anuncian la llegada del Mesías.

Israel: nación que heredó las promesas de la alianza que Dios le hizo primero a Abraham; nombre de la tierra de Canaán dada a esta nación como su hogar prometido.

J

Jacob: uno de los tres patriarcas; nieto de Abraham; antecesor de las 12 tribus de Israel a través de sus 12 hijos.

Jefté: Uno de los jueces; guió a los israelitas contra los amonitas; sacrificó a su hija después de hacer un descuidado voto a Dios.

Jeremías: Profeta mayor del Antiguo Testamento activo en el reino sur de Judea del 626 al 587 a.e.c; algunas veces se le conoce como el "profeta del lamento" por sus predicciones de catástrofe, aunque también tenía mensajes de esperanza; finalmente fue llevado contra su voluntad a Egipto por los judíos desterrados.

Jericó: ciudad antigua al norte del Mar Muerto cuyos orígenes se remontan al 8000 a.e.c; son famosas sus murallas colapsadas como resultado de un ataque de Josué.

Jerónimo: Asceta que vivió alrededor del 341 al 420 e.c.; su traducción latina de la Biblia se conoce como Vulgata.

Jerusalén: ciudad capturada por David de los yebuseos que se convirtió en la capital de Israel unido; ubicación del Templo.

Job: personaje principal en el libro del mismo nombre del AT cuyas experiencias de dureza y rechazo forman la base de un profundo tratado de sufrimiento.

Joel: profeta del Antiguo Testamento que profetizó en Jerusalén en el siglo V a.e.c; su mensaje era para los judíos que regresaban del destierro de Babilonia y se preocupaba por el "día del Señor".

Jonás: profeta del siglo VII a.e.c que desobedeció a Dios y fue tragado por un enorme pez; predicó el juicio contra Nínive en lugar de difundir el mensaje de amor de Dios.

Josías: rey de Judea del 604 al 609 a.e.c.: empezó una reforma religiosa que llevó al descubrimiento del pergamino de la Ley; asesinado trágicamente.

Josué: uno de los primeros profetas; fue líder de los israelitas cuando Moisés murió en los límites de la tierra prometida, y los condujo a Canaán.

Juan: discípulo de Jesús; parte del círculo interno de los discípulos de Jesús junto con Pedro y Santiago; apodado "Boanerges" (hijo del trueno); tal vez escribió el Evangelio que lleva su nombre.

Juan 1, 2 y 3: epístolas del Nuevo Testamento escritas por el autor del Evangelio de Juan;

probablemente las tres fueron compuestas en la última década del primer siglo e.c.; en ellas el autor denuncia las falsas enseñanzas y conforta a sus lectores.

Juan el Bautista: hijo de Zacarías e Isabel; primo y eventual bautista de Jesús; aparece en los cuatro Evangelios como el seguidor de Jesús; asesinado por Herodes el Grande.

Judá: la más importante de las tribus de Israel.

Judas: hermano de Jesús; es posible que haya escrito la breve carta del Nuevo Testamento que lleva su nombre y que comparte material con Pedro 2.

Judas Macabeo: sucedió a su padre, Matatías, en la lucha contra los sirios; purificó el Templo después de sus victorias; su historia se cuenta en los Apócrifos; murió en el año 160 a.e.c.

Jueces: 12 líderes de las tribus que guiaron a los grupos de israelitas durante los primeros días de la ocupación de la tierra prometida. Libro en el Antiguo Testamento.

K

***Kosher*:** "adecuado"; comida acorde con las leyes judías señaladas en la Torá; alimentos que pueden comerse.

L

L: símbolo usado para denotar la fuente del material del Evangelio de Lucas.

Lamentaciones: cinco poemas escritos como respuesta a la destrucción de Jerusalén por el ejército babilonio en 587 a.e.c; los primeros cuatro poemas son acrósticos y cada línea empieza con una letra distinta del alfabeto hebreo.

Levítico: tercer libro de la Torá; da instrucciones para realizar sacrificios y otras ceremonias en el antiguo Israel.

Libro de la oración común: principal libro de oraciones de la Iglesia anglicana; primero apareció en 1549 y se estableció en 1662; en gran parte, es obra del arzobispo Cranmer.

Lucas: doctor y amigo cercano de Pablo, lo acompañó en algunos de sus viajes misioneros; autor del Evangelio que lleva su nombre y de los Hechos de los apóstoles.

M

M: símbolo usado para denotar la fuente del material único en el Evangelio de Mateo.

Magnificat: la canción de alabanza a María en el Evangelio de Lucas; cantada en algunas iglesias anglicanas y ortodoxas.

Mahoma: "el Profeta"; receptor de las revelaciones de Alá, que son la base del Corán.

Malaquías: "mi mensajero"; último de los libros pero no el más tardío del Antiguo Testamento; probablemente data de principios del siglo V a.e.c.

Mar de Galilea: segundo lago interior más grande en Palestina después del Mar Muerto; conocido también como Kinnéret, Genesaret o Tiberíades.

Mar Muerto: el más grande cuerpo de agua interior en Palestina, donde fluye el río Jordán; tierra inhóspita a 366 metros bajo el nivel del mar.

Marcos: compañero de Pablo y Bernabé en uno de los primeros viajes misioneros; su nexo con el Evangelio que lleva su nombre es débil, pues la tradición que dice que él lo escribió surgió a principios del siglo II.

Masoretas: rabinos que agregaron marcas de vocales al texto hebreo en las consonantes del Antiguo Testamento entre el 500 y el 1000 e.c.

Mateo: Uno de los discípulos de Jesús llamado a seguirlo mientras cobraba impuestos; llamado también Leví; tal vez escribió el Evangelio que lleva su nombre.

Mesías: "el ungido"; equivalente al griego "Cristo"; describe al mensajero tan esperado, que establecería el reino de Dios y destruiría a los enemigos de Israel; los cristianos creen que es Jesús.

Miqueas: profeta en Juda en el siglo VIII a.e.c; contemporáneo más joven de Isaías.

Mišná: leyes complementarias entregadas por Dios a Moisés en el Monte Sinaí y transmitidas durante siglos de boca en boca; parte del Talmud.

Moisés: líder de los israelitas elegido por Dios para guiarlos y sacarlos de la esclavitud de Egipto hacia la tierra prometida; recibió los diez mandamientos en el Monte Sinaí; murió al atisbar Canaán.

N

Naúm: profeta del Antiguo Testamento que predijo el fin del imperio asirio, especialmente la caída de Nínive, su ciudad capital.

Nehemías: nombrado gobernador por el rey persa Artajerjes I al regreso de los desterrados judíos a Jerusalén en el siglo V a.e.c; obtuvo permiso de reconstruir las murallas de Jerusalén; es posible que haya trabajado con Esdras para restablecer la Ley de Dios en la comunidad.

Nerón: emperador romano entre 54 y 68 e.c.; gobernante que culpó a los cristianos de un gran incendio en Roma y los ejecutó; probablemente martirizó a Pedro y a Pablo.

Nínive: capital de Asiria; situada en el Río Tigris en lo que hoy es el norte de Iraq; conquistada por los babilonios en 612 a.e.c.

Noé: salvado con su familia del diluvio al construir una gran arca; Dios hizo una alianza con él para repoblar la Tierra cuando bajaran las aguas.

Nueva Biblia inglesa: principal traducción al inglés de la Biblia; el Nuevo Testamento se publicó primero en 1961, y la Biblia completa en 1970; la edición revisada (Biblia inglesa Revisada) data de 1989.

Nueva versión internacional: traducción completamente nueva de la Biblia, iniciada en 1965 y publicada íntegramente en 1978; hecha con apoyo evangélico.

Nuevo Testamento: segunda parte de la Biblia cristiana; comprende 27 libros: cuatro Evangelios, Hechos de los Apóstoles, algunas epístolas escritas principalmente por Pablo y el libro del Apocalipsis.

Números: cuarto libro en el Pentateuco; describe el peregrinar de Israel a través del Monte Sinaí hasta los límites de la tierra prometida.

O

Oseas: profeta del reino norte de Israel en el siglo VIII a.e.c; usó sus propias experiencias locales para demostrar la falta de fe en Israel.

P

Pablo: líder sobresaliente de la Iglesia primitiva; misionero incansable y fundador de iglesias; autor de otras tantas cartas sobre la base de la fe cristiana incluidas en el Nuevo Testamento.

Padre nuestro: oración que Jesús enseñó a sus discípulos, incluida en el "sermón de la montaña"; la única oración usada universalmente por la Iglesia cristiana.

Palestina: territorio que tradicionalmente abarcaba la región entre el pueblo de Dan en el norte y Beer-Sĕba en el sur; conocida también como Israel.

Parábola: historia contada por Jesús, tomada de la vida cotidiana, con significado moral o espiritual.

Pascua: festividad de peregrinaje anual de los judíos que celebra la liberación de los esclavos judíos de Egipto; en el tiempo de Jesús, los judíos venían de todo el imperio romano para celebrar la Pascua en el Templo de Jerusalén; todavía hoy la celebran los judíos; también conocida como la festividad del pan ácimo o *Pesah*.

Patriarcas: figuras paternas; Abraham, Isaac y Jacob, los primeros tres líderes israelitas que fundaron la nación.

Pedro: discípulo sobresaliente de Jesús; miembro del círculo interno de discípulos; negó conocer a Jesús antes de su crucifixión; líder de la Iglesia después del día de Pentecostés.

Pedro 1 y 2: Cartas enviadas a los cristianos dispersos por Asia Menor; Pedro 1 advierte de la persecución e invita a tener fe en Jesús; Pedro 2 advierte contra las falsas enseñanzas; es posible que el apóstol Pedro haya escrito la primera carta, pero es poco probable que haya hecho la segunda.

Pentateuco: cinco rollos; primeros cinco libros del Antiguo Testamento; conocido también por los judíos como la Torá o la Ley.

Poncio Pilato: procurador romano de Palestina entre 26 y 36 e.c.; conocido por su brutalidad; responsable de permitir la ejecución de Jesús.

Posmodernismo: movimiento en áreas tan diversas como la literatura, la pintura y la arquitectura que reacciona contra las tendencias modernas.

Primeros profetas: subdivisión de los profetas en las escrituras hebreas, que comprenden los libros de Josué, Jueces 1 y 2, Samuel 1 y 2 y Reyes 1 y 2, que se atribuyen a los primeros profetas Josué, Samuel y Jeremías; tratados como obras de literatura profética por la tradición hebrea, pero vistos como historia en la tradición cristiana.

Problema sinóptico: enigma de la relación entre los tres Evangelios sinópticos.

Profeta: hombre o mujer que sentía el llamado de Dios para decir la palabra divina tanto del presente como del futuro.

Profetas: segunda división de las Escrituras judías, comprenden los libros de los primeros y los últimos profetas.

Profetas mayores: designación cristiana para los libros proféticos de Isaías, Jeremías y Ezequiel en el Antiguo Testamento.

Profetas menores: 12 libros proféticos al final del Antiguo Testamento, llamados así por la brevedad de sus profecías.

Proverbios: libro de la sección de Escrituras en los textos judíos que contienen varias colecciones de refranes sabios: la verdad de Dios para la vida cotidiana.

***Purim*:** festividad judía que celebra el éxito de Ester al haber salvado a muchos judíos de la masacre.

Q

Q: símbolo que denota la fuente de cerca de 230 versículos encontrados en los Evangelios de Mateo y Lucas, pero que no se incluyen en Marcos; de la palabra alemana *Quelle*, que significa "fuente".

Qumrán: pueblo cercano al Mar Muerto donde en 1947 se encontraron los Rollos del Mar Muerto.

R

Rabino: título judío para un maestro religioso; también se aplicó a Jesús.

Reforma: movimiento de la Iglesia cristiana occidental del siglo XVI. Señalaba que la Biblia y no la Iglesia debía ser la única autoridad religiosa; dio origen a muchas iglesias protestantes.

Reino de Dios: idea central de las enseñanzas de Jesús, quien llamó a la gente a aceptar el mandato de Dios en el reino espiritual que estaba construyendo en la Tierra.

Renacimiento: "nuevo nacimiento"; movimiento de renovación del arte y la literatura del XIV al XVI con base en ideales clásicos; marca la transición de la Edad Media hacia la Moderna.

Reyes 1 y 2: libros que cuentan la historia de los reinos de los reyes, que abarca al de Salomón, los reinos divididos de Israel en el norte y Judá en el sur, hasta la caída de Israel en 722 a.e.c. y la de Jerusalén en 587 a.e.c.

Roboam: rey de Judá del 930 al 908 a.e.c; hijo del rey Salomón; durante su reinado se separaron los reinos del norte y del sur.

Rollos del Mar Muerto: colección de 500 manuscritos descubiertos en las playas del Mar Muerto en 1947; uno de los descubrimientos arqueológicos bíblicos más importantes del siglo XX.

Roma: la "ciudad eterna"; principal centro del cristianismo desde la llegada de Pedro y Pablo; los católicos romanos consideran que el Papa es el obispo de Roma.

Romanos: la carta más importante de Pablo y su más extensa exposición de las verdades profundas de la fe cristiana.

Rut: libro del Antiguo Testamento que cuenta la historia de Rut, ancestro del rey David.

S

Salmos: "alabanzas"; contiene 150 himnos y oraciones, algunos de las cuales fueron compuestos por el rey David; es el libro más largo de la Biblia.

Salomón: hijo de David y su sucesor como rey de Israel, bajo su reinado el país gozó de gran prosperidad; reinó de 970 a 930 a.e.c.; es responsable de la construcción del primer Templo en Jerusalén.

Samaritanos: gente de varias razas traídos a Samaria para sustituir a los israelitas exiliados; para los judíos son enemigos por sus orígenes mixtos y su religión incompleta a pesar de adorar al Dios del Antiguo Testamento y considerar sagrado al Pentateuco.

Samuel: profeta del Antiguo Testamento; último de los jueces; eligió y ungió a los dos primeros reyes de Israel: Saúl y David.

Samuel 1 y 2: libros que cuentan la historia de Israel del tiempo de los jueces al final del reinado del rey Saúl; después, la historia del rey David.

***Sanctasanctorum*:** área en el centro del Templo de Jerusalén; el sitio de Dios; sólo puede entrar en él el sumo sacerdote una vez al año.

Sanedrín: consejo gobernante de los judíos en el periodo del Nuevo Testamento; presidido por un sumo sacerdote que tenía amplios poderes pero estaba sujeto a la autoridad de Roma; juzgó a Jesús y estuvo de acuerdo con su ejecución.

Sansón: uno de los jueces bíblicos; famoso por su fuerza física; peleó contra los filisteos.

Santiago: hermano de Jesús; uno de los líderes en la Iglesia primitiva de Jerusalén; escritor de la epístola más antigua del Nuevo Testamento.

Saúl: primer rey de Israel; posiblemente reinó entre 1050 y 1010 a.e.c.; fue rechazado por Dios y se derrumbó su reino; lo sucedió el rey David.

Sedecías: rey títere de Judá puesto por los babilonios después de la primera deportación de los judíos a Babilonia; gobernó de 597 a 586 a.e.c.:

Segunda venida: término cristiano para el futuro regreso de Jesús.

Septuaginta: "setenta"; traducción griega de la escrituras hebreas hecha para los judíos de la diáspora que no hablaban hebreo.

Sermón de la montaña: colección de proverbios y parábolas de Jesús reunidos en el evangelio de Mateo; entre otros, contiene las bienaventuranzas y el padre nuestro llamado así por Lucas.

***Shema*:** declaración de la unidad de Dios, tomada de las Escrituras judías y usada como parte de la liturgia.

Sinagoga: "reunir"; lugar de reunión para la comunidad judía; cobró mucha importancia después de que los romanos destruyeron el Templo de Jerusalén en 70 e.c.

Sofonías: profeta del Antiguo Testamento de finales del siglo VII a.e.c. cuyo tema principal fue el día del Señor.